本书由湖北经济学院学术专著出版基金资

环境规制、环境全要素生产率与中国出口产品质量

湛文婷 著

中国财经出版传媒集团
中国财政经济出版社

图书在版编目（CIP）数据

环境规制、环境全要素生产率与中国出口产品质量 / 湛文婷著 . -- 北京 : 中国财政经济出版社，2022. 8

ISBN 978 -7 -5223 -1471 -6

Ⅰ. ①环… Ⅱ. ①湛… Ⅲ. ①环境规划－影响－全要素生产率－研究－中国 ②环境规划－出口产品－产品质量－研究－中国 Ⅳ. ①F249. 22 ②F752. 62

中国版本图书馆 CIP 数据核字（2022）第 101831 号

责任编辑：陈　冰　　　　责任印制：张　健
封面设计：卜建辰　　　　责任校对：徐艳丽

环境规制、环境全要素生产率与中国出口产品质量
HUANJING GUIZHI、HUANJING QUANYAOSU SHENGCHANLÜ YU ZHONGGUO CHUKOU CHANPIN ZHILIANG

中国财政经济出版社 出版

URL：http：//www. cfeph. cn
E - mail：cfeph@ cfeph. cn

社址：北京市海淀区阜成路甲 28 号　邮政编码：100142
营销中心电话：010 - 88191522
天猫网店：中国财政经济出版社旗舰店
网址：https：//zgczjjcbs. tmall. com
北京中兴印刷有限公司印刷　　各地新华书店经销
成品尺寸：170mm × 240mm　16 开　10. 5 印张　166 000 字
2022 年 8 月第 1 版　2022 年 8 月北京第 1 次印刷
定价：47. 00 元
ISBN 978 - 7 - 5223 - 1471 - 6
（图书出现印装问题，本社负责调换，电话：010 - 88190548）
本社质量投诉电话：010 - 88190744
打击盗版举报热线：010 - 88191661　QQ：2242791300

前言

QIANYAN

党的十九大报告指出，我国经济已由高速增长阶段转向高质量发展阶段。高质量发展的内涵是通过创新、协调、绿色、开放、共享的发展方式，以满足人民日益增长的美好生活需要。经济高质量发展的难点在于平衡经济增长和可持续发展，在追求质量的同时不能忽视生态环境建设。

当今世界正经历着百年未有之大变局，逆全球化、单边主义、保护主义的出现，使国际经济环境日趋复杂；新冠肺炎疫情影响广泛且深远，使世界经济陷入低迷期。随着国际经济形势的改变，中国的贸易环境逐渐恶化。国内人口结构改变，老龄化问题凸显，人口红利逐渐消失，同时周边发展中国家的人口红利显现，导致中国沿海的加工贸易外移。中国依靠低价带来数量增长的出口贸易模式无法持续，依靠廉价劳动力的对外贸易模式无法实现可持续增长，贸易模式亟需转变，而出口产品质量升级是贸易模式转型的核心内容。

中国粗放式的发展模式所带来的环境问题逐渐得到政府和公众的重视，中国政府已将保护环境纳入基本国策，将生态城市建设和减排目标纳入政府的中长期规划。在高质量发展和环境保护的政策目标下，中国对外贸易面临着贸易模式转型和环境规制双重挑战，环境规制势必会对制造业的出口造成影响。在此背景下，本书将探讨环境规制对出口产品质量的影响，主要从四个方面展开研究：

第一，测算中国出口产品质量和环境全要素生产率。本书在综合考虑了各类方法的优缺点和数据约束性后，选择 Henn et al.（2015）提出的以标准引力模型为基础的出口产品质量测算方法，测算中国制造业行业出口产品质量。环境全要素生产率的测算分为两步，第一步测算静态环境生产效率——使用数据包络分析法（DEA）中的基于松弛向量的效率损失方法（SBI），第二步将不同时期静态环境生产效率进行组合，生成动态环境全要素生产率指数（指标）——使用 Luenberger 生产率指标。但是目前使用 SBI 和 Luenberger 生产率指标相结合测算环境全要素生产率的方法，在第二步测算跨期指标时存在明显缺陷，导致环境全要素生产率的测算结果被低估。本书分析了跨期指标测算缺陷的根源，并对该测算方法进行改进，测算了中国制造业行业的环境全要素生产率，进一步将环境全要素生产率从两个角度分解为效率变化、技术进步和投入节约率、期望产出生产率、非期望产出削减率。

第二，环境规制对中国环境全要素生产率的影响分析。本书分别从基准回归和异质性回归对“强波特假说”进行验证，分析了环境规制对中国环境全要素生产率及其分解项（效率变化、技术进步和投入节约率、期望产出生产率、非期望产出削减率）的非线性影响。

第三，环境全要素生产率对中国出口产品质量的影响分析。本书首先构建了环境全要素生产率影响出口产品质量的理论模型，分别讨论了封闭经济和开放经济条件下企业的最优产品质量选择，然后使用测算数据在理论模型基础上，分析了环境全要素生产率及其分解项（效率变化、技术进步和投入节约率、期望产出生产率、非期望产出削减率）对中国出口产品质量的非线性影响，进而分析了环境全要素生产率与控制变量交互项对出口产品的影响。

第四，环境规制对中国出口产品质量的影响分析。在前文分析结论的基础上，考虑到环境规制可以通过两种途径对出口产品质量产生影响，一是直接影响，二是通过环境全要素生产率产生间接影响，本书分别使用基准回归和异质性回归，分析了环境规制对中国出口产品质量的直接影响和总影响。

本书的主要结论如下：

第一，1995—2014 年中国大部分制造业行业的出口产品质量处于增长状态，中国总出口产品质量在 2009 年以后有明显的上升趋势。1995—2014 年中国的环境全要素生产率的波动较大，2005 年以后中国的环境全要素生产率一直处于增长状态。

第二，目前中国制造业行业的环境规制强度较弱，还有上升的空间，加强环境规制对促进环境全要素生产率的增长十分必要。在总体样本中，环境规制对环境全要素生产率、效率变化、技术进步和期望产出生产率的影响符合 U 形曲线关系，大部分样本和行业的环境规制的强度位于拐点左端；环境规制对投入节约率和非期望产出削减率的影响符合 N 形曲线关系，大部分样本和行业的环境规制的强度位于第一个拐点左端。在高污染行业中，环境规制对效率变化、投入节约率和期望产出生产率的影响为负；环境规制对环境全要素生产率、技术进步和非期望产出削减率的影响符合 U 形曲线关系，大部分样本位于拐点左端。在低污染行业中，环境规制对环境全要素生产率和技术进步的影响为负；环境规制对效率变化、投入节约率、期望产出生产率和非期望产出削减率的影响分别符合倒U形、N形、倒N形和N形曲线关系，大部分样本位于第一个拐点的左端。

第三，环境全要素生产率的提高可以促进出口产品质量升级，出口产品质量升级的主要来源是技术进步、投入节约率和期望产出生产率的增长。环境全要素生产率和技术进步对出口产品质量的影响符合N形曲线关系，效率变化对出口产品质量的影响符合倒N形曲线关系，投入节约率对出口产品质量的影响符合U形曲线关系，期望产出生产率和非期望产出削减率对出口产品质量的影响符合倒U形曲线关系。我们计算不同影响曲线的拐点，统计相应区间中的样本数和行业数，发现在大部分样本和行业中，环境全要素生产率对出口产品质量的影响位于单调递增区间，出口产品质量升级的主要来源是技术进步、投入节约率和期望产出生产率的增长，效率变化和非期望产出削减率的增长反而会抑制出口产品质量升级。

第四，在总体样本中，环境规制对出口产品质量的直接影响能促进产品升级，但是环境规制的间接影响可能会抑制出口产品质量升级。通过增加环境规制强度，促进产品质量升级是有必要的。在基准回归中，环境规制对出口产品质量的直接影响是促进产品升级，间接影响则可会抑制出口产品质量升级。增加环境规制强度、促进产品质量升级是有必要的。在高污染行业中，环境规制对出口产品质量的直接影响为负，间接影响不显著。在低污染行业中，环境规制对出口产品质量的直接影响为正，间接影响在部分区间中为负，过强的环境规制反而不利于出口产品质量升级。

本书的创新点主要体现在以下四个方面：

第一，对环境全要素生产率测算方法的改进。本书从理论上指出目前将基于松弛向量的效率损失方法（SBI）与Luenberger生产率指标相结合测算全要素生产率（或环境全要素生产率）所存在的缺陷，其跨期指标目标函数的约束条件设置错误，导致技术进步被低估，本书在此基础上提出了改进方法。

第二，研究环境规制对环境全要素生产率的影响。虽然有大量文献对弱波特假说和强波特假说进行了检验，但是在检验强波特假说的文献中，大部分使用的是竞争力或全要素生产率来衡量企业绩效，使用环境全要素生产率的文献较少，使用中国行业数据检验环境规制对环境全要素生产率的文献更少。现有研究检验环境规制对（环境）全要素生产率的影响时，主要停留于（环境）全要素生产率的总体结果层面，鲜有研究从效率技术或投入产出等更细化的角度对强波特假说进行检验。本书将环境全要素生产率分解为效率变化、技术进步、投入节约率、期望产出生产率和非期望产出削减率，研究了环境规制对以上环境全要素生产率分解项的影响。

第三，研究环境全要素生产率对出口产品质量的影响。在前人的研究中，主要是讨论出口产品质量的影响因素或环境全要素生产率的影响因素，较少研究将出口产品质量和环境全要素生产率相结合进行研究，类似的研究也主要是关注生产率对出口产品质量的影响。

第四，以环境全要素生产率为中介变量，研究环境规制对出口产品质量的影响。现有研究关于波特假说的讨论，大多数集中于研究环境规制对创新、环境绩效和企业绩效的影响，其中企业绩效主要研究生产率和竞争力，鲜有研究讨论环境规制对产品质量的影响。在研究环境规制对产品质量影响的为数不多的文献中存在诸多问题，或讨论过程过于粗糙，或指标选择过于简陋，或数据时间跨度过短。本书使用产品数据和行业数据，以环境全要素生产率为中介变量，讨论了环境规制对中国制造业出口产品质量的直接影响和间接影响。

湛文婷

2022 年 1 月

目录

MULU

第一章 绪 论

第一节 研究背景及研究意义

一、研究背景

早期人们普遍关注中国的经济奇迹和贸易增长现象，近几年来，随着城市雾霾持续不断地出现，环境问题逐渐成为社会各界的关注重点。中国经济和对外贸易的迅速增长带来了快速增长的能源需求和越来越严重的环境问题，能源的高消耗、环境的严重污染和生态的严重破坏成为经济和外贸增长的副产物。

图 1－1 是中国 1995—2020 年能源消耗情况。可以明显看出中国能源消耗总量在逐年增长，能源消耗总量增长速度在 2001 年加入 WTO 后快速增长，在 2004 年达到增长速度峰值（16.8%），之后增速放缓。

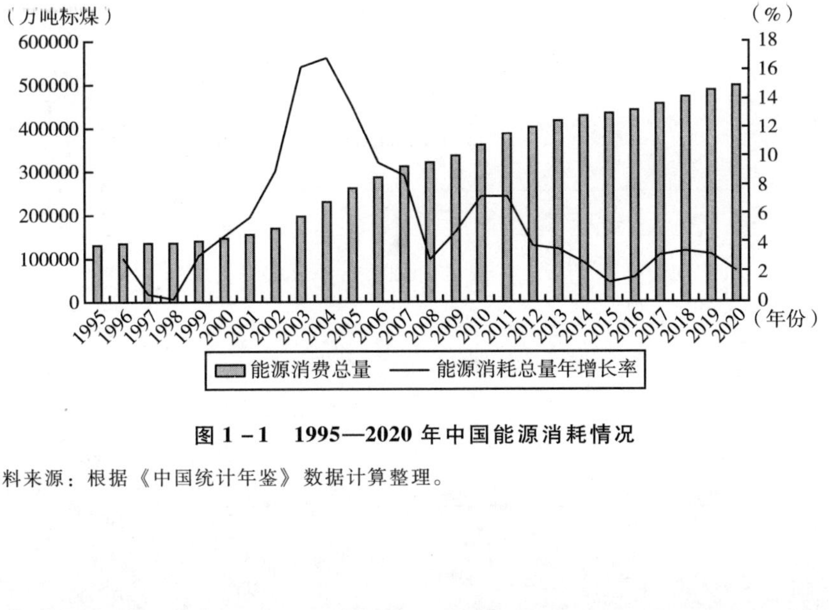

图 1－1 1995—2020 年中国能源消耗情况

资料来源：根据《中国统计年鉴》数据计算整理。

能源消耗强度的增加必然导致相应污染物排放的增加，引起空气质量恶化等环境问题。中国环境监测总站从2013年1月开始发布月度《全国城市空气质量报告》，表1-1分别摘取了2013—2021年1月和7月城市平均空气质量优良天数比例以及$PM_{2.5}$、PM_{10}的平均浓度。可以发现，1月份的空气质量比7月份差，因为北方冬季供暖造成空气质量恶化。从图1-1可以看出2013年能源消耗年增长率已经出现了明显的下降，能源消耗总量增速放缓，但是在2013年中国城市空气污染指标均处于高位。2013年1月空气质量达标天数仅31.6%，$PM_{2.5}$、PM_{10}浓度分别为130微克/立方米和178微克/立方米，均超过浓度限值二级标准；2013年7月空气质量达标天数70.7%，$PM_{2.5}$、PM_{10}浓度分别为40微克/立方米和74微克/立方米，均超过浓度限值一级标准。

表1-1　　全国城市空气质量情况

月报时间	达标天数	$PM_{2.5}$平均浓度（微克/立方米）	PM_{10}平均浓度（微克/立方米）
2013年1月	31.6%	130	178
2013年7月	70.7%	40	74
2014年1月	37.6%	108	157
2014年7月	73.1%	46	78
2015年1月	48.2%	88	133
2015年7月	—	38	67
2016年1月	66.7%	68	102
2016年7月	88.1%	29	52
2017年1月	60.0%	78	117
2017年7月	82.5%	27	53
2018年1月	68.6%	64	98
2018年7月	87.7%	23	44
2019年1月	67.6%	66	97
2019年7月	85.2%	20	40
2020年1月	69.5%	64	83
2020年7月	90.3%	19	37

续表

月报时间	达标天数	$PM_{2.5}$平均浓度（微克/立方米）	PM_{10}平均浓度（微克/立方米）
2021 年 1 月	74.7%	54	89
2021 年 7 月	92.4%	16	31

注：

（1）达标天数为城市平均空气质量优良天数比例；

（2）2013—2015 年为 74 个城市数据，2016—2018 年为 338 个地级及以上城市数据，2019—2020 年为 337 个地级及以上城市数据，2021 年为 339 个地级及以上城市数据。

（3）根据环境空气质量标准（GB3095—2012），$PM_{2.5}$24 小时平均浓度限值为 35 微克/立方米（一级），75 微克/立方米（二级），PM_{10}24 小时平均浓度限值为 50 微克/立方米（一级），150 微克/立方米（二级）。

数据来源：中国环境监测总站：《全国城市空气质量报告》。

中国政府也充分认识到“高增长、高污染”的粗放式发展模式不具有可持续性，因此将节约资源和保护环境作为一项基本国策，并逐渐将节能减排目标纳入政府的中长期规划中。表 1－2 国民经济和社会发展规划纲要之经济社会发展主要目标，整理了“十一五”规划至“十四五”规划中有关环境保护内容的经济社会发展主要目标。可以看出国家的环保目标、减排指标逐渐清晰，尤其是对二氧化碳排放指标的约束。

表 1－2 《国民经济和社会发展规划纲要》之经济社会发展主要目标

	与环境保护相关的主要目标
“十一五”规划（2006—2010）	• 资源利用效率显著提高。单位国内生产总值能源消耗降低 20% 左右，工业固体废物综合利用率提高到 60% • 可持续发展能力增强。生态环境恶化趋势基本遏制，主要污染物排放总量减少 10%，控制温室气体排放取得成效
“十二五”规划（2011—2015）	• 资源节约环境保护成效显著。单位国内生产总值能源消耗降低 16%，单位国内生产总值二氧化碳排放降低 17%。主要污染物排放总量显著减少，化学需氧量、二氧化硫排放分别减少 8%，氨氮、氮氧化物排放分别减少 10%
“十三五”规划（2016—2020）	• 生态环境质量总体改善。生产方式和生活方式绿色、低碳水平上升。能源资源开发利用效率大幅提高，能源和水资源消耗、建设用地、碳排放总量得到有效控制，主要污染物排放总量大幅减少
“十四五”规划（2021—2025）	• 生态文明建设实现新进步。单位国内生产总值能源消耗和二氧化碳排放分别降低 13.5%、18%，主要污染物排放总量持续减少，生态环境持续改善，生态安全屏障更加牢固，城乡人居环境明显改善

资料来源：根据历年《中华人民共和国国民经济和社会发展规划纲要》整理。

此外，中国政府对环境的保护、监管和执法力度也有明显增强。从表 1－1 也可以看出，中国城市的空气质量在逐渐改善，$PM_{2.5}$和 PM_{10}在部分月份能达到一级标准。根据中国生态环境部发表的《2020 年中国环境状况公报》显示，2020 年国家进一步加强生态环保督察执法。开展中央生态环保督察，共受理转办群众举报 1.05 万余件，2018 年和 2019 年警示片披露的 315 个问题已完成整改 283 个。全面推行“双随机、一公开”，开展执法检查 58.74 万家次。全国下达环境行政处罚决定书 12.61 万份，罚没款数额总计 82.36 亿元。

在面临环境问题的同时，中国对外贸易的经济环境也在恶化，贸易模式转型迫在眉睫。改革开放初期，中国对外贸易的迅速增长主要依赖于中国巨大的人口红利。随着城镇化的深入，农村剩余劳动力的转移给加工业和制造业带来了大量廉价劳动力，较低的生产成本使中国的出口产品价格在国际市场中具有明显优势。正是依赖于人口红利带来的比较优势，中国的货物出口贸易在改革开放后一路高歌猛进。

图 1－2 显示中国出口额呈现出增长态势，尤其是 2001 年加入 WTO 后。虽然中国的对外贸易在数量和规模方面成绩斐然，但随着经济环境改变，这种贸易方式是否可持续成为一个重要议题。目前中国正处于人口年龄结构转型阶段，较之改革开放初期，人口红利逐渐减弱，导致加工业和制造业的劳动力比较优势减弱；此外政府和市场对能源、资源等生产投入要素约束力加强，导致加工业和制造业的生产成本不断上升；中国在对外贸易中依靠低成本比较优势的出口增长方式不可持续。国外其他发展中国家正在积极融入全球生产链，印度、印度尼西亚、马来西亚等发展中国家的人口红利逐渐凸显，中国沿海城市的加工企业和制造企业逐渐迁移到海外市场。

此外，人民币升值压力不断增加。2007 年金融危机以后，中国主要的出口国家受到金融危机的重创，部分国家还未能完全从危机的冲击中恢复，导致进口商品需求下降。实际上中国从 2004 年开始出现出口贸易增速放缓，2009 年首次出现出口贸易负增长，出口额同比下降 18.29%。虽然在一系列的政策刺激下，2010 年出口贸易有所恢复，但此后出口贸易增速仍然处于下降趋势，2015 年再次出现出口贸易负增长，出口额同比下降 1.88%。“一带一路”政策实施后，2017 年出口贸易出现一定程度的增加，但是增速远低于金融危机前的增长速度。同时贸易保护主义认为就业的减少主要是因为大量进口和服务外包，例如美国在 2017 年签署了“买美国货、雇美国人”行政令，贸易保护主义的抬头导致中国出口环境进一步恶化，增加了中国出口行业的压力。始于2018年的中美贸易摩擦，导致美国对中国大宗商品征收关税，虽然目前经过多轮谈判已取得阶段性进展，但是美国作为中国出口的主要国家之一，其对中国贸易的影响还将持续一段时间。2019年底暴发的新冠肺炎疫情对全球造成重大影响，大部分国家均采取了一定程度的隔离措施，要求居民减少出行，这势必会降低全球的消费需求。中国出口的主要国家已经成为疫情的重灾区，将会对中国出口商品造成持续冲击。由此可见中国出口贸易的国际环境在不断恶化。

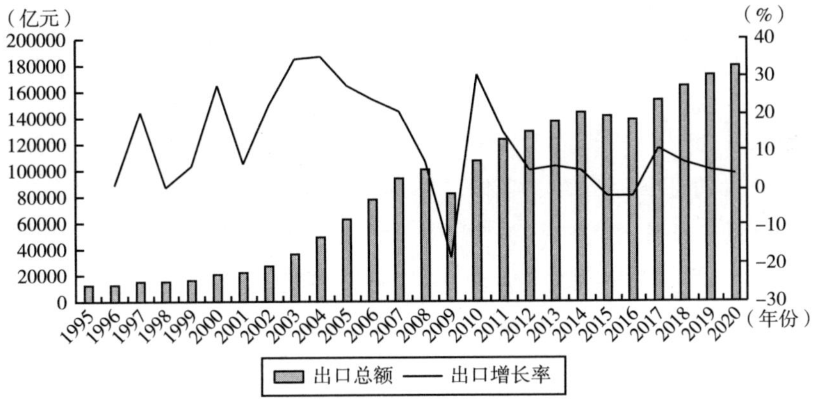

图1-2 1995—2020年中国出口额及出口增长率

数据来源：根据历年《中国统计年鉴》整理结算。

另外，中国的贸易发展方式是以低价优势带来数量增长，而不是通过出口产品质量升级带来附加值的上升，这使得中国的出口产品有明显的低价和低质量特征，因此中国在全球价值链中始终处于较低的位置。中国要想实现出口的持续发展，必须转变贸易发展方式，即从主要依靠大规模廉价劳动力生产低价和低质量产品中获取贸易利益的初期发展阶段，向自主研发、自主创新、提升出口产品质量的长期发展阶段转变。

可见中国的贸易发展在未来要同时关注环境问题和产品质量升级，既要保证环境不会进一步恶化，又要转向生产高质量、高附加值产品的生产模式。

二、研究意义

目前中国是世界上最大的发展中国家和最大的出口国家，在环境问题不断凸显的背景下，中国在经济转型和出口模式转变的过程中，必然会面对环境约束所带来的挑战。针对中国这样特殊的经济体，搞清楚环境和出口产品质量之间的关系十分必要。我们需要解决两类问题：一是中国的出口产品质量是否有明显提升；二是哪些因素可以促进中国出口产品质量升级，以及环境约束在其中产生的影响。本书也是针对这两类问题展开研究。解决第一个问题需要从方法和数据约束性角度出发，找到适合中国的出口产品质量测算方法；解决第二个问题不仅需要参考以往的经验研究，还需要考虑中国的特殊国情。

本书研究具有下列理论意义：

第一，在研究方法上，本书对出口产品质量测算方法的选择有指导意义，对环境全要素生产率测算方法加以改进。

如何测算出口产品质量是一个棘手问题，到目前为止，还没有形成统一的出口产品质量的度量标准，学者们采用的指标也各不相同。现有对出口产品质量进行测度的方法主要可以分为两大类：价格指标和非价格指标。其中使用价格指标测算出口产品质量的方法主要有五种，但是这五种方法各有优劣，因此本书将具体分析这五种方法的优劣，选择一种最切合中国实际的出口产品质量测度方法。

已有文献将生产过程中的污染物作为非期望产出重新估算全要素生产率，但是现有测算环境全要素生产率的方法在计算跨期指标时存在缺陷，造成测算结果被低估。本书从理论上阐述了缺陷出现的根源，并提出了相应的改进方法。

第二，在研究内容上，本书在出口产品质量的影响因素中纳入环境因素，在环境全要素生产率及出口产品质量的影响因素中纳入环境规制因素，从效率技术和投入产出两个角度分析环境对出口产品质量和生产率的非线性影响。

研究环境规制对中国环境全要素生产率和中国出口产品质量的影响。虽然大量文献检验了波特假说，但是大多数文献关注的是环境规制对创新、竞争力和全要素生产率的影响，鲜有文献关注环境规制对环境全要素生产率和出口产品质量的影响。本书讨论了环境规制对环境全要素生产率及其分解项（效率变化、技术进步、投入节约率、期望产出生产率和非期望产出削减率）的影响，分析了环境规制对效率技术角度和投入产出角度的生产率的非线性影响。此外分析了环境规制对出口产品质量的直接影响和总影响，具有一定的理论指导意义。

研究环境全要素生产率对中国出口产品质量的影响。全要素生产率对出口的影响是新新贸易理论的核心，但是少有文献分析包含非期望产出的环境全要素生产率对出口的影响。与全要素生产率类似，环境全要素生产率作为一种生产效率会对国际贸易格局产生重大影响，同样也会对出口产品质量造成一定的影响。另外，这类文献中大多只有理论基础，通过简单的计量回归研究各因素对出口产品质量的影响，并没有严谨地从数学上推导出口产品质量的影响因素。因此本书首先从数学上推导出包含环境全要素生产率的出口产品质量影响因素模型，研究环境对出口产品质量的影响，对选择出口产品质量影响因素具有一定的理论意义。然后，在环境全要素生产率对中国出口产品质量影响的计量分析部分，本书探讨了环境全要素生产率及其分解项对出口产品质量的非线性影响，具有一定的理论指导意义。

第二节 研究思路、主要内容及研究方法

一、研究思路和主要内容

（一）思路和内容

本书主要围绕环境规制、环境全要素生产率和出口产品质量而展开。首先，比较现有测算行业出口产品质量和环境全要素生产率方法的优缺点，根据数据的可获得性，选择适合中国的方法，测算制造业行业出口产品质量和环境全要素生产率。其次，利用中国制造业数据对“强波特假说”进行检验，研究环境规制对环境全要素生产率的影响。再次，从理论上推导出环境全要素生产率对出口产品质量的影响，然后结合实证分析，进一步研究环境全要素生产率对出口产品质量的影响。最后，基于前面的分析，本书认为环境规制可能通过直接或间接（环境全要素生产率）的途径对出口产品质量产生影响，并进行了实证分析。

具体内容如下：

第一章绪论。本章主要阐述本书的选题背景、研究意义，提出研究问题，进一步根据研究问题提出本书的研究思路、研究内容、研究方法及本书的创新点。

第二章相关研究综述。本章主要从产品质量、环境全要素生产率和环境规制三个角度对相关文献进行综述。其中产品质量相关研究从三个层面展开：国际贸易发展与产量质量之间的关系、产品质量测算方法以及出口产品质量影响因素。环境全要素生产率相关研究主要综述了环境全要素生产率的测算方法。环境规制相关研究是基于“波特假说”展开，综述了三种“波特假说”的相关文献。最后是对以上三类文献的综合评述。

第三章中国出口产品质量测算。本章主要使用 Henn et al.（2015）基于引力模型的出口产品质量测算方法，测算了 1995—2014 年中国出口到 177 个国家的 847 种产品的产品质量。分别从行业层面和国家层面分析中国出口产品质量测算结果。

第四章中国环境全要素生产率测算。本章阐述了目前将松弛向量的效率损失方法（SBI）和 Luenberger 生产率指标相结合测算环境全要素生产率的方法在理论上存在的缺陷，并提出了相应的改进方法，测算了中国 27 个制造业行业 1995—2014 年环境生产效率损失（静态）和 1995—2014 年环境全要素生产率（动态）。分别从行业层面和国家层面分析静态效率损失和动态环境全要素生产率测算结果。

第五章环境规制影响中国环境全要素生产率的计量分析。本章使用 2001—2014 年中国制造业数据对“强波特假说”进行了检验，分别从总体角度和高污染行业、低污染行业角度讨论了环境规制对环境全要素生产率及其分解项的非线性影响。

第六章环境全要素生产率影响出口产品质量的模型分析。本章主要从理论模型中推导出环境全要素生产率对出口产品质量的影响。分别考虑在封闭经济和开放经济条件下，消费者的最优消费选择及生产者的最优质量选择，推导出环境全要素生产率对出口产品质量的影响及影响程度。

第七章环境全要素生产率影响中国出口产品质量的计量分析。本章主要从实证分析角度论证了第六章的理论分析，讨论 1995—2014 年环境全要素生产率对中国出口产品质量的影响。将环境全要素生产率分解为效率变化、技术进步、投入节约率、期望产出生产率和非期望产出削减率，讨论了各类生产率对出口产品质量的非线性影响，进一步讨论了环境全要素生产率与控制变量交互项对出口产品质量的影响。

第八章环境规制影响中国出口产品质量的计量分析。基于第五章和第七章的分析，本书认为环境规制可以直接对出口产品质量产生影响，也可以通过环境全要素生产率产生间接影响。本章使用2001—2014年中国制造业行业数据，分别从总体角度和高污染行业、低污染行业角度讨论了环境规制对出口产品的直接影响和总影响。

第九章研究结论与启示。本章总结了全书的主要结论，在此基础上提出了相关的政策建议；探讨了本书存在的不足之处，并给出了未来可能的研究方向。

（二）全书逻辑框架

本书主要研究的是环境规制、环境全要素生产率和中国出口产品质量三者之间的关系，采用类似中介效应的逐步递进的逻辑分析框架，认为环境规制不仅可以对出口产品质量产生直接影响，还可以通过环境全要素生产率对出口产品质量产生间接影响。

本书的前四章是全书的前期准备阶段，第五章、第七章和第八章是全书的计量分析部分，第九章是研究结论与启示。在计量分析部分，首先第五章分析发现环境规制对环境全要素生产率有显著的影响；其次分析了环境全要素生产率对出口产品质量的影响。第六章是数理模型，第七章是计量分析，研究发现环境全要素生产率对出口产品质量有显著的影响，第八章在前两章的基础上分析了环境规制是否能通过环境全要素生产率对出口产品质量产生影响。图1－3是计量分析部分的框架图。

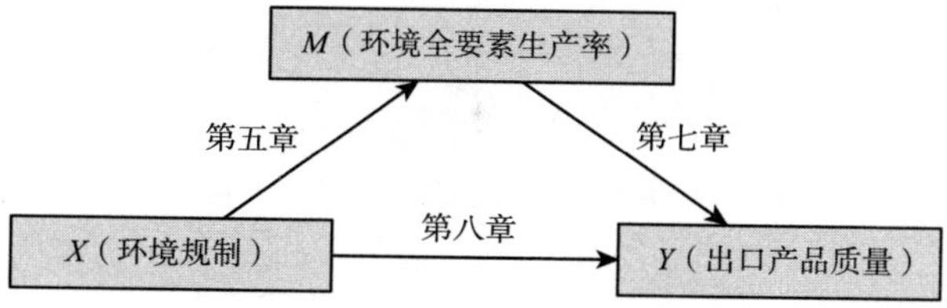

图1－3 计量分析部分框架图

资料来源：根据温忠麟等（2004）中介效应整理。

目前，关于中介效应的计量分析模式在经济学领域存在较多争议，主要归纳为两个问题：遗漏变量问题和内生性问题[①]。

第一，遗漏变量问题。本书第八章研究结果显示，环境规制和环境全要素生产率均对出口产品质量有显著影响。如果第八章的结果显著，那么第七章计量分析是否存在遗漏变量问题，导致第七章的回归结果是有偏的？要解释这个问题需要回到中介效应模型的初始设定。

图 1-4 是中介效应示意图。图中 X、M、Y 分别是解释变量、中介变量、被解释变量。遗漏变量的问题是：如果式（1-3）显著，是不是说明式（1-1）中存在遗漏变量的问题，导致式（1-1）的回归结果存在偏误？将式（1-2）带入式（1-3）中，可以得到：

$$Y = c'X + b(aX + e_2) + e_3 = (c' + ab)X + be_2 + e_3$$

当 $c' + ab = c$，$be_2 + e_3 = e_1$ 时，式（1-3）的变形就是式（1-1）。因此，如果式（1-2）、式（1-3）是一致估计，那么式（1-1）也是一致估计，所以不存在遗漏变量问题。类似的，如果第五章和第八章是一致估计，第七章也是一致估计。所有计量分析部分均进行稳健性检验，因此不存在遗漏变量问题。

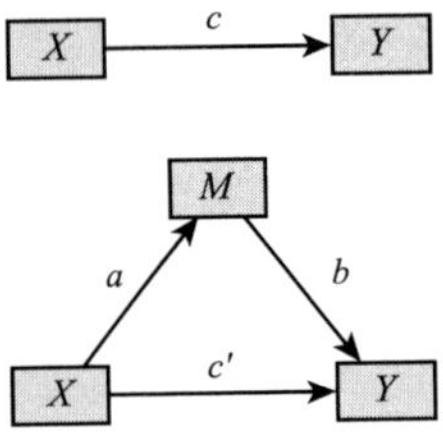

$$Y=cX+e_1 \quad (1-1)$$

$$M=aX+e_2 \quad (1-2)$$

$$Y=c'X+bM+e_3 \quad (1-3)$$

图 1-4　中介效应示意图

资料来源：温忠麟等（2004）。

第二，内生性问题。在中介效应分析中，一般只讨论解释变量（X）可能存在内生性问题，进而进行稳健性检验，而忽略了中介变量（M）同样可能存在内生性问题，通过这种方式得到的结论可能存在偏误。本书在第五章、第七章和第八章中均进行了稳健性检验，因此本书中不存在内生性问题。

① 在本书初稿形成时，有专家学者也提出过类似疑问。

二、研究方法

（一）使用 Henn et al.（2015）基于引力模型的出口产品质量测算方法

在本书的第三章中使用 Henn et al.（2015）的方法，将除质量外的因素从产品价格中剥离，建立质量调整的引力模型，测算中国的出口产品质量。

（二）对 SBI 目标函数的约束条件进行修改，提出新的 Luenberger 生产率指标测算方法

考虑到各类 DEA 方法存在径向和角度上的区别，本书使用基于非径向、非角度的松弛向量效率损失方法（SBI），测算包含非期望产出的环境生产效率损失。由于 SBI 方法具有可加性，Luenberger 生产率指标同样具有可加性，因此将 SBI 方法与 Luenberger 指标相结合测算的生产率指数同样具有可加性，并且可以将生产率分解到更细致的层面。但是目前使用 SBI – Luenberger 指标测算的环境全要素生产率指标，因为 SBI 方法的目标函数约束条件不能与 Luenberger 指标的假设相匹配，致使跨期指标的测算存在明显缺陷，导致环境全要素生产率的测算结果被低估。本书在此基础上，对 SBI 方法目标函数的约束条件进行修改，提出新的 Luenberger 生产率指标，测算了中国制造业行业的环境全要素生产率。

（三）数理模型分析方法

本书第六章进行了严谨的数理模型分析，分别对消费者偏好和生产者的生产产品质量选择进行假设和推算，在理论上推导出封闭经济和开放经济情况下企业的最优质量函数，并讨论了开放经济条件下环境全要素生产率对出口产品质量的影响及影响程度变化。

（四）计量分析方法

在本书的第五章、第七章和第八章中，使用计量分析方法讨论了环境规制对中国制造业行业环境全要素生产率的非线性影响，环境全要素生产率对中国制造业行业出口产品质量的非线性影响，环境规制对中国制造业行业出口产品质量的非线性影响。不同章节的回归模型中被解释变量、解释变量和控制变量

有重合，因此每章的回归中首先进行多重共线性检验，然后再进行相应回归，最后进行稳健性检验。

第三节　本书的创新点

一、对环境全要素生产率测算方法的改进

本书从理论上指出目前将基于松弛向量的效率损失方法（SBI）与Luenberger生产率指标相结合测算全要素生产率（或环境全要素生产率）所存在的缺陷，其跨期指标目标函数的约束条件设置错误，导致技术进步被低估，在此基础上提出了改进方法。此外，目前使用SBI－Luenberger生产率指标测算中国环境全要素生产率的文献多数是使用省级面板数据，本书使用的是制造业行业面板数据，并从投入和产出角度对行业层面的环境全要素生产率进行分解。

在环境全要素生产率的测算工具方面，目前的主流软件有DEA Solver、MAX DEA等。以上两种软件可以测算Tone（2003）提出的包含非期望产出的SBM模型，但是不能测算Fukuyama and Weber（2009）提出的SBI模型。王兵等（2010）提出的包含非期望产出的环境全要素生产率测算方法实际上是基于Fukuyama and Weber（2009）方法的改进。较多使用王兵等（2010）方法的文献，直接使用以上两个软件测算环境全要素生产率，得到的测算结果实际上是不准确的。本书测算环境全要素生产率使用的软件是Excel和Excel Solver Prem Platform，避免了上述问题。

二、研究环境规制对环境全要素生产率的影响

虽然有大量文献对“弱波特假说”和“强波特假说”进行了检验，但是在检验“强波特假说”的文献中，大部分使用的是竞争力或全要素生产率来衡量企业绩效，使用环境全要素生产率的文献较少，使用中国行业数据检验环境规制对环境全要素生产率的文献更少。现有研究检验环境规制对（环境）全要素生产率的影响时，主要停留于（环境）全要素生产率的总体结果层面，鲜有研究从效率技术或投入产出等更细化的角度对“强波特假说”进行检验。本书将环境全要素生产率分解为效率变化、技术进步、投入节约率、期望产出

生产率和非期望产出削减率，研究了环境规制对以上环境全要素生产率分解项的影响。

三、研究环境全要素率对出口产品质量的影响

在前人的研究中，主要是讨论出口产品质量的影响因素或环境全要素生产率的影响因素，较少将出口产品质量和环境全要素生产率相结合进行研究。类似的研究也主要是关注生产率对出口产品质量的影响，虽然也有学者研究碳生产率对出口产品质量的影响，但是本书的关注点在环境全要素生产率对出口产品质量的影响。此外本书进行了严谨的数理模型分析，从理论上推导出环境全要素生产率对出口产品质量的影响。

四、以环境全要素生产率为中介变量，研究环境规制对出口产品质量的影响

现有研究关于“波特假说”的讨论，大多数集中于研究环境规制对创新、环境绩效和企业绩效的影响，其中企业绩效主要研究生产率和竞争力，鲜有研究讨论环境规制对产品质量的影响。在研究环境规制对产品质量影响的为数不多的文献中存在诸多问题，或讨论过程过于粗糙，或指标选择过于简陋，或数据时间跨度过短。本书使用产品数据和行业数据，以环境全要素生产率为中介变量，讨论了2001—2014年环境规制对中国制造业出口产品质量的直接影响和间接影响。

第二章　相关研究综述

本章的研究综述主要从四个方面进行归纳总结，前三节分别为产品质量相关研究、环境全要素生产率相关研究和环境规制相关研究，第四节是对现有研究的综合评述。

第一节　产品质量相关研究

一、国际贸易与产品质量

按照研究阶段的推进，国际贸易与产品质量的相关研究可以划分为四个阶段。

第一阶段的研究核心是 Linder 假说（Linder hypothesis），探讨了需求层面的国际贸易与产品质量关系。Linder（1961）提出产品质量是国家间进行贸易的重要影响因素，人均收入是国家消费结构的主要决定因素，人均收入越相似的国家，进行贸易的可能性越大。发达国家倾向于生产和消费高质量的产品，因此发达国家间进行贸易的可能性较高。Fan（2005）通过建模分析对 Linder（1961）理论进行了规范化的表达，认为人均收入水平决定消费的质量和数量，并发现人均收入水平与产业内贸易存在正相关关系。Hallak（2010）发现 Linder 假设只有在产业层面才能成立，即控制产业内贸易决定因素后，相似人均收入的国家会更频繁地进行贸易。

第二阶段的研究核心是包含产品质量的垂直产业内贸易理论，探讨了供给层面的国际贸易（主要是国际分工）与产品质量关系。Flam and Helpman（1987）建立南北贸易模型研究贸易对产品质量的影响，阐述了在双边贸易中产品质量的循环升级过程。北国出口高质量产品，南国出口低质量产品，南国的技术进步会导致北国引入更高质量产品，并且北国的低质量产品会转移到南国，南国会放弃原有更低质量产品。此后也有学者分别从不同角度对 Flam and Helpman（1987）的理论进行实证检验（Ballance et al.，1992；Choi et al.，2009 等）。

第三阶段的研究核心是包含产品质量阶梯的内生增长理论，探讨了经济增长与产品质量的关系，分析了开放贸易条件下的经济增长和经济收敛。如 Grossman and Helpman（1991）假设产品质量会沿着质量阶梯上升，建立了行业内产品质量连续升级的模型，研究产品质量、技术与经济增长之间的关系。

第四阶段的研究核心是包含产品质量的新新贸易理论，这一阶段的研究主要关注于产品层面或企业层面的产品质量测算及产品质量的影响因素分析。前三个阶段一般是从宏观视角分析国际贸易与产品质量的关系，在这一阶段较多文献从微观视角（企业层面数据）分析国际贸易与产品质量的关系。不同于 Krugman（1979）在新贸易理论中“同质性企业”假设，以 Melitz（2003）为代表的新新贸易理论证实了企业异质性的存在，并认为企业生产率的异质性是影响企业出口行为的关键因素。

但是 Melitz（2003）以企业生产率差异和经典 CES 效用函数为假设基础的企业异质性理论存在局限性，导致 Melitz（2003）的理论分析与其他文献的实证分析结论相矛盾。比如根据 Melitz（2003）的理论，出口企业与进口国的距离越远，出口企业越难获得利润，因此只有产品价格低（生产率高）的企业才会出口到距离较远的国家，也就是说出口企业与进口国的距离越远，其出口产品的价格越低；但是 Baldwin and Harrigan（2011）发现美国企业与进口国距离越远，其出口产品价格越高。再比如根据 Melitz（2003）的理论，出口企业的产品价格低于非出口企业的产品价格，因为出口企业的生产率更高，但是 Hallak and Sivadasan（2013）、Kugler and Verhoogen（2012）发现相较于非出口企业而言，美国、印度、智利和哥伦比亚出口企业的产品价格更高。

正是因为 Melitz（2003）的企业异质性模型存在理论假设的局限性，越来越多的文献开始从多维度异质性对 Melitz（2003）的模型进行扩展，引入产品质量异质性的研究是其中的一个分支。这一类研究可以分为两条主线，第一条是将质量因素引入 Melitz（2003）模型，从生产率和质量视角区分 Melitz（2003）模型，如 Mandel（2010），Hallak and Schott（2011），Baldwin and Ito（2011），

Crozet et al.（2009），Johnson（2012）等将质量因素引入 Melitz（2003）模型，从不同角度对 Melitz（2003）模型进行补充，解决了该模型与实际现象相冲突的问题。第二条是产品质量的测算及其影响因素研究，这条主线与本书的研究最相关，下面分别从产品质量测算和出口产品质量影响因素研究两个方面展开文献评介。

二、产品质量的测算

产品质量无法直接观测，只能通过间接的方式获得。到目前为止，关于产品质量的测算还没有形成统一的衡量标准，学者们采用的指标也各不相同。现有对产品质量进行测度的方法主要可以分为两大类：价格指标和非价格指标。

（一）价格指标

根据测算方法的不同，使用价格指标来测算产品质量的文献大致可以分为五类。

1. 采用价格或单位价值代表产品质量

这是最简单且最常用的一种做法。一般认为价格越高的产品质量也越高（Aiginger，1997，2000），因为从消费者的需求角度看，质量越高的产品带给消费者的效用越大，消费者愿意支付的价格越高。Schott（2004）和 Hummels and Klenow（2005）使用单位价值作为产品质量的代理变量，研究发现人均收入水平、出口国物质资本密集度、人力资本密集度和进口国的市场规模的增加能促进出口产品质量升级。同样的 Hallak（2006）发现质量高的产品倾向于出口到高收入国家。

采用这一方法的优点是简单易行，但是用单位价值作为产品质量的代理变量是不合适的，因为产品单位价值（价格）除了包含质量因素外，还包含成本、市场竞争、政府政策和其他多种因素。Khandelwal（2010）认为产品价格受到多重因素影响，产品价格低并不能说明出口产品质量低，出口产品价格较低可能确实因为产品质量较低，此外还可能受到政策因素的影响，比如汇率被低估、政府的贸易保护政策（对出口产品的补贴）等。Hallak and Schott（2011）也指出单位价值是产品质量较差的代理变量。因此，用单位价值量来替代产品质量，虽然简便，但并不科学，这种做法的弊端在于无法剔除产品质量以外其他影响价格的因素，从而影响早期实证研究结论的可信性。

直接用单位价值作为产品质量的代理变量存在以上缺陷，但是单位价值与产品质量之间确实存在一定联系，因此有学者以单位价值方法为基础，提出了不同的产品质量测算方法，主要是将质量从单位价值中剥离，获得更准确的产品质量。由于本书主要是测算行业层面的产品质量，因此只对行业层面产品质量的测算方法进行综述，介绍其中主要的四种方法，分别由：Khandelwal（2010），Hallak and Schott（2011），Feenstra and Romails（2014）和 Henn et al.（2015）提出。

2. Khandelwal（2010）方法（离散选择模型）

Khandelwal（2010）方法的核心思想是在价格相同的情况下，产品质量越高，该产品的市场份额越大，利用市场销售量、市场占有率、价格数据等信息反推出产品质量。该方法是基于 Berry（1994）提出的嵌套 Logit 模型，通过计算多个国家出口到一个共同国家（一般为美国）的市场份额，测算出多个国家的出口产品质量，或者测算出这一共同国家的进口质量。

随后 Khandelwal（2010）测算了 1989—2001 年美国产品层面的进口产品质量，测算结果表明不同产品间的质量存在差异较大。刘伟丽、陈勇（2012）使用该方法测算了 2000—2008 年中国进口制造业产品质量。施炳展等（2013）利用 1995—2006 年美国进口数据，使用该方法测算了中国出口产品质量，测算结果显示中国出口产品质量呈下降趋势，中国出口产品质量与行业资本密集度和技能密集度负相关。

这类方法通过使用细分产品层面数据（例如，八位码或更高位），可以测算出更精细的产品质量数据。但是这类方法存在的主要缺陷是对数据的要求较高。首先，使用的数据必须包含产品的到岸价格和离岸价格；其次，需要获得出口国的出口产品占共同出口目的国的市场份额，有些国家的市场份额数据无法获得，因此不能测算这类国家的出口产品质量；最后，目前可获得的最新贸易数据一般是六位码数据，使用这类数据计算的产品质量相对粗糙。

此外在测算过程中，无法将产品技术从消费者对质量的估值中剥离，因此最终测算的产品质量包含消费者对质量的偏好。并且在该方法的测算过程中，Khandelwal（2010）使用出口渗透率反推产品市场份额，但是在模型中产品市场份额是通过产品数量衡量的，进口渗透率是通过产品价值衡量的，使用进口渗透率反推出产品市场份额必然是不准确的。这也是这类方法存在的一个缺陷。

3. Hallak and Schott（2011）方法（迭代测算方法）

迭代测算方法的基本思路是将非质量因素引起的价格变化从单位价值中剔除，将处理后的单位价值方程代入进口方程中，从而得到出口产品质量。Hallak and Schott（2011）假定消费者在选择产品时关心价格相对于质量的比值（性价比），在出口价格相同的国家中，贸易顺差越大的国家，产品质量越高。这与Khandelwal（2010）通过市场份额推导产品质量的思路类似。首先将产品层面的出口价格数据加权为行业层面的出口价格数据，但是这个数据受到产品质量的“污染”（价格数据中包含质量因素），称为“非纯净价格指数”，再通过两个阶段来获得产品质量。第一阶段，运用大量的双边Paasche约束和Laspeyres约束去估计每个国家相对于另一个共同国家的非纯净价格指数；第二阶段，使用国家行业层面的全球净贸易数据，将质量调整价格（纯价格）从估计的非纯净价格指数中剔除之后就得到了国家的质量估计值。该方法测算的产品质量是两个国家相对某一个共同国家的出口产品质量指数，是一个可比较的出口产品质量指数。与离散选择模型方法相比，该方法对数据的要求不高，同时也解决了单位价值方法存在的缺陷。

随后Hallak and Schott（2011）测算了1989—2003年主要出口国的制造业产品质量，发现单位价值的变化是产品质量变化的较差近似值。李小平等（2015）使用该方法测算了1999—2013年可比较的中国行业（食品与活畜行业、饮料与烟草行业、动植物油行业、化学品行业、以材料分类制造业）出口产品质量指标。测算结果表明从整体上来看，中国在资本与技术密集型行业上的出口产品质量绝对值较低，但是有一个稳步提升的发展趋势。

虽然Hallak and Schott（2011）方法可以准确地测算出大多数国家的产品质量，但是该方法存在两方面缺陷，一是该方法仅适合测算宏观层面（行业或国家）的出口产品质量，无法测算微观层面（企业或产品）的出口产品质量，限制了其应用范围；二是该方法的推导过程和计算过程十分复杂，可操作性不强。

4. Feenstra and Romails（2014）方法

Feenstra and Romails（2014）的方法是计算出产业层面的价格指数和质量

调整的价格指数（quality - adjusted price index），两者的比值即为产品质量。该方法计算的是相对质量指数，与前两种方法不同的是，该方法不仅可以计算相对出口产品质量指数，即两国国家同时出口到相同国家的相对出口产品质量；还可以计算相对进口质量指数，即两个不同的国家进口同一国家的相对进口产品质量。随后，Feenstra and Romails（2014）估计了 185 个国家 1984—2011 年的出口产品质量和进口产品质量。

该方法的一个难点是需要估计模型的三个参数：产品间的替代弹性、产品质量的产出弹性、生产率分布函数的分散度参数。另外整个计算过程也比较复杂，这也造成了该方法的操作性较差，是此类方法存在的一个缺陷。

5. Henn et al.（2015）方法

Henn et al.（2015）的方法主要是基于 Hallak（2006）的模型进行改进。假设贸易价格（单位价值）的决定因素主要有三部分，一是产品质量；二是生产成本，通过出口国的人均收入衡量，因为国家间生产成本的差异与收入相关；三是出口国与进口国之间的距离。之后通过设定一个包含质量的引力方程，估计引力方程，计算获得出口产品质量。随后 Henn et al.（2015）估计了 178 个国家 1962—2010 年的出口产品质量。

该方法的优点是计算简便，可以计算某个国家出口到任何目的国的出口产品质量，不需要计算目的国的进口渗透率，计算得到的是出口产品质量，而不是相对出口产品质量，因此也不需要找第三个国家作参照，可操作性强。缺点是缺少严谨的理论推导，并且计算的出口产品质量包含目的国消费者对质量的偏好，这一点与 Khandelwal（2010）方法有类似问题。

（二）非价格指标

与价格指标不同，非价格指标主要是寻找代理变量（proxy）。因为无法直接观测出口产品质量，一般采用代理变量的方式来衡量出口产品质量。非价格指标主要有：用剩余需求代表出口产品质量（Gervais，2015）；是否通过国际生产标准 ISO9000 质量体系认证（Verhoogen，2008；Hallak and Sivadasan，2013）。使用这类方法存在的主要缺陷是，难以寻找到合适的代理变量，现有使用的代理变量并不能精确地衡量产品质量，也无法从理论和实际中得到验证。

出口产品质量测算方法汇总见表 2 - 1。

表 2 - 1　　出口产品质量测算方法汇总

测算方法		优点	缺点	研究者及时间
价格指标	价格或单位价值	简单易行	单位价值（价格）除了质量因素，还包含其他多种因素，无法剔除产品质量以外其他影响价格的因素	Schott（2004），Hummels and Klenow（2005），Hallak（2006），李坤望、王有鑫（2013）
	Khandelwal（2010）方法（离散选择模型）	可以测算出更微观层面的产品质量数据	对数据要求较高；无法将产品技术从消费者对质量的估值中剥离	Khandelwal（2010），施炳展等（2013），孙林等（2014），汪建新、黄鹏（2015）
	Hallak and Schott（2011）方法（迭代测算方法）	可比较的出口产品质量指数，对数据的要求不高	仅适合测算宏观层面（行业或国家）的出口产品质量	Hallak and Schott（2011），李小平等（2015），孙楚仁等（2014）
	Feenstra and Romails（2014）方法	可以计算相对出口产品质量指数、相对进口产品质量指数	模型的三个参数需要自行估计	Feenstra and Romails（2014），陈晓华、沈成燕（2015）
	Henn et al.（2015）方法	简单易行，对数据要求不高	缺少严谨的理论推导，计算的出口产品质量包含目的国消费者对质量的偏好	Henn et al.（2015），王树柏、李小平（2015）
非价格指标	寻找代理变量	简单易行	难以寻找到合适的代理变量，不能精确地衡量产品质量	Verhoogen（2008），Gervais（2015），Hallak and Sivadasan（2013），Jamalpuria（2013）

资料来源：作者整理。

三、出口产品质量影响因素研究

本书主要从三个角度对出口产品质量的影响因素进行梳理：外部环境因素、内部因素以及其他因素。

（一）外部环境因素

影响出口产品质量的外部环境因素是指生产者所面临的国内外经济环境和

政治制度环境，其主要影响因素包括：人均收入、FDI、市场竞争、信贷（融资）约束、政策、经济自由化、汇率、地理距离等。

1. 人均收入

由于最早探讨质量与国际贸易关系的文献以需求为切入点，以产品质量为中介变量，研究了出口国人均收入与贸易的关系（Linder，1961），因此在出口产品质量影响因素的研究中，大多数学者会加入人均收入作为解释变量。在这类研究中，有研究出口国人均收入对出口产品质量的影响，也有研究出口目的国（进口国）人均收入对出口产品的影响。虽然研究的视角不同，但是研究的结论是相似的：无论是出口国人均收入还是出口目的国人均收入的提高，均会促进出口国产品质量的提升。

Khandelwal（2010）使用美国的进口数据，研究发现出口国人均收入越高，出口国的出口产品质量越高。Henn et al.（2015）发现在高收入国家，无论是制造业还是农业，比低收入国家更容易完成出口产品的质量升级。韩会朝、徐康宁（2014）将产品质量变量引入到贸易模型中，提出“质量门槛”假说，研究发现出口目的国人均 GDP 的升高会提升出口产品质量，其中高收入国家偏好高质量产品，“质量门槛”也高。李方静（2014）采用 2005—2006 年中国制造业企业数据，研究发现高质量产品倾向于出口到高收入地区，并且向高收入地区出口有助于提升出口产品质量。

2. FDI

关于 FDI 对出口产品质量的影响，大部分研究认为 FDI 的增加可以提高出口产品质量，但是也有学者持有不同观点，认为 FDI 不利于出口产品质量的提升。

Harding and Javorcik（2012）使用 105 个国家 1984—2000 年的贸易数据，研究发现 FDI 能为发展中国家的出口产品质量升级提供潜在动力，但是对高收入国家的影响是不确定的。李坤望、王有鑫（2013）使用 1999—2007 年产品层面数据，研究发现 FDI 能稳健地提高我国出口产品质量，并且与港澳台投资相比，外国投资对出口产品质量的影响程度更大。与其他学者的研究相反，施炳展（2015）研究了外资对中国企业出口产品质量的影响。研究发现：外资通过生产效率、研发效率、竞争效应等渠道降低中国企业出口产品质量，通过缓解融资约束、广告效率渠道提升中国企业出口产品质量；外资企业数目增加会提升中国企业出口产品质量，但外资企业出口强度增加会降低中国企业出口产品质量。总体来说，外资不利于中国企业出口产品质量的提升。

不同于外部环境的FDI，余静文等（2021）研究认为，企业对外直接投资（OFDI）可以显著提升出口产品质量，且这种提质升级作用在差异化产品、一般贸易产品中更为突出。生产制造型对外直接投资能显著提高出口产品质量，而咨询服务型不能产生提质升级作用。

3. 市场竞争

关于市场竞争对出口产品质量的影响，有研究从理论机制上推导出市场竞争会提高出口产品质量，并且有较多研究从数据上证实了这一理论，但是也有实证研究表明市场竞争对出口产品质量的提升并未表现出明显的促进作用。

高越、李荣林（2015）认为发达国家和发展中国家之间的竞争能产生一种“公司效应”，该效应能同时提高发达国家和发展中国家的产品质量。使用中国的贸易数据进行实证分析后发现，发达国家的发展水平越高，与之竞争的发展中国家出口产品质量的提高越明显；行业的质量竞争程度越高，竞争对行业的产品质量提升程度越大；行业的价格竞争程度越高，竞争对行业的产品质量提升程度越小。施炳展、邵文波（2014）使用2000—2006年中国微观企业数据，研究发现竞争强度增加能促进企业出口产品质量升级。张杰等（2015）认为行业竞争可以激励企业进行研发创新，进而能促进企业的出口产品质量升级，使用2000—2006年中国微观企业数据进行实证分析后发现，竞争能促进企业出口产品质量升级，但其对国有企业的出口产品质量升级没有表现出促进效应。

4. 信贷（融资）约束

关于信贷（融资）约束对出口产品质量的影响，研究结论基本一致，即信贷（融资）约束的缓解有助于提高出口产品质量。陈清萍、鲍晓华（2014）使用中国2000—2006年微观企业数据，研究发现银行和商业信贷约束均抑制了企业出口产品质量升级，但是地区金融发展能够缓解这两种信贷约束进而促进出口产品质量升级。汪建新、黄鹏（2015）使用中国2003—2005年微观企业数据，研究结果同样表明信贷约束抑制了企业出口产品质量升级，因为信贷约束使企业无法获得足够用于生产投资的资金，降低了企业升级产品质量的动力，但是行业资本配置效率的提高可以缓解信贷约束的负效应，增加企业对高技术和高质量产品的投资，进而达到产品质量升级的目的。施炳展、邵文波（2014）使用中国企业层面数据，分别讨论了五类融资约束指标对出口产品的影响，也得到了相同的结论。

5. 政策

关于政策对出口产品质量的影响，研究最多的是考察政府补贴和关税对出口产品质量的影响。但是由于样本的不同，实证研究的结论也不相同。

施炳展、邵文波（2014）使用中国企业层面数据研究发现，从总体上看政府补贴的增加可以提升产品质量，但是对国有企业而言，政府补贴对出口产品质量的影响为负，说明存在严重的资源错配问题。张杰等（2015）认为政府补贴不利于企业出口产品质量的提高，因为企业通过获得政府补贴降低了生产成本，进而在市场上采取低价格竞争，形成一种低利润的发展模式，企业会逐渐依赖生产性的政府补贴，降低其升级出口产品质量的动力。实证研究表明政府补贴确实对出口产品质量造成了抑制效应，但是外资企业不存在这种抑制效应。

汪建新（2014）使用中国 29 个省份的海关数据，研究发现进口关税减让对不同地区的产品质量升级的影响不同：对远离质量前沿的产品，进口关税的削减会抑制该类产品的质量升级；对接近质量前沿的产品，进口关税削减带来了更激烈的国内市场竞争，使该类产品通过参与技术创新和使用高质量的进口中间投入品进行出口产品质量升级。Fan et al.（2015）研究发现关税的增加对中国出口产品质量升级存在着显著的抑制作用。

段文奇等（2020）研究发现贸易便利化通过中间品进口和企业研发促进了企业出口产品质量升级，该效应受到企业异质性与产品异质性的影响；较强的产业集聚更有利于增强贸易便利化对企业出口产品质量的积极作用。

孙俊成、程凯（2020）研究发现，双边政治关系通过扩大出口规模和促进对外直接投资两条途径提升了出口产品质量，但是该效应因出口目的国经济水平和政治风险的不同而存在差异；通过对出口贸易分解发现双边政治关系对新进入产品的质量表现出负向影响，对退出产品的质量影响不显著，对持续产品的质量存在显著的提升作用。

6. 其他外部环境因素

除了上文提到的五种外部环境因素，还有学者从经济（贸易）自由化、汇率等其他角度考察了外部环境对出口产品质量的影响。

钟建军、赵伟（2014）采用38个国家（地区）的产品—国家层面数据进行实证研究发现：经济自由化程度对出口最终产品质量具有促进作用。类似的，Henn et al.（2015）研究了178个国家的贸易数据发现，贸易自由化可以促进出口产品质量升级。于津平等（2014）使用2005—2011年中国对147个国家和地区的海关数据，研究发现产品的出口实际汇率弹性与产品质量有关，相对于低技术含量的产品而言，高技术含量产品的出口实际汇率弹性更低；与进口国货币相比，人民币的升级会显著地抑制出口规模，但是能通过优化出口结构，促进中国整体出口产品质量升级。张明志、季克佳（2018）同样研究了汇率对出口质量的影响，研究发现人民币升值提高了“企业—目的地”层面的出口产品质量。

（二）内部因素

影响出口产品质量的内部因素是指与生产直接相关的因素，其主要影响因素包括：生产率、人力资本、研发投入等。

1. 生产率

关于生产率对出口产品质量的影响，现有文献的结论基本一致，即生产率的提高能促进出口产品质量的提高。

施炳展、邵文波（2014）使用中国企业数据测算了5种不同的生产效率，研究发现这5种生产效率的提高，均可以提高出口产品质量。钟建军、赵伟（2014）使用38个国家（地区）的数据研究发现，劳动生产率的提高对出口产品质量具有促进作用。Fan et al.（2015）研究发现生产率对中国出口产品质量升级有显著的正效应。

2. 研发投入

施炳展、邵文波（2014）发现研发投入对中国企业层面的出口产品质量的影响为负，但是研发效率对企业出口产品质量的影响为正，说明中国企业的研发投入的效率较低，导致研发投入无法提升企业出口产品质量。施炳展等（2013）使用中国行业层面的数据也得到了类似结论。

3. 其他内部因素

除了上文提到的两种主要内部因素，还有学者从广告投入、加工贸易、资本、中间投入、信息披露等其他角度考察了内部因素对出口产品质量的影响。

施炳展、邵文波（2014）考察了广告投入对中国企业出口产品质量的影响，研究发现广告投入对出口产品质量有显著的正效应。施炳展等（2013）发现加工贸易显著地提升了中国出口产品质量，资本密集度的提高反而降低了中国出口产品质量，人力资本无法直接提升中国出口产品质量，但是可以通过FDI的溢出效应间接提高出口产品质量。Henn et al.（2015）使用178个国家1962—2010年的数据，研究发现人均资本的增加可以促进出口产品质量升级。Khandelwal（2010）发现资本密集型或技术密集型的国家会出口更高质量的产品。Fan et al.（2015）研究发现工资的提高会促进中国出口产品质量的升级。李秀芳、施炳展（2016）认为进口中间品多元化可以通过边际成本、固定成本等渠道影响出口产品质量，但实证结果显示进口中间品多元化仅提升了中国外资企业的出口产品质量。陈丽丽、代毅（2021）从企业内部治理水平视角入手，研究发现企业信息披露质量会显著影响企业出口产品质量，且这种影响在企业、行业、地域层面存在显著的异质性。沈国兵、袁征宇（2020）研究发现加强创新保护本身及其通过激励企业使用高质量的进口中间投入品，提升了中国企业出口产品质量。此外，企业互联网化活动有利于发挥创新保护对中国企业出口产品质量的提升作用。

（三）其他因素

关于出口产品质量的影响因素，除了外部环境因素和内部因素外，也有部分学者从其他视角进行了讨论分析。

王有鑫等（2015）使用121个国家和地区与美国贸易的产品层面数据，研究发现人口老龄化显著地促进了出口产品质量的升级；国家收入水平与人口老龄化的边际效应负相关；人口老龄化对处于老龄化初期国家的产品质量的促进作用更大；与中高技术产品相比，人口老龄化对低技术产品质量的促进作用更大。

陈晓华、沈成燕（2015）使用1995—2011年各经济体出口到全世界的数据，研究发现发达经济体的出口持续时间对出口产品质量的影响表现为“高质稳进”的正效应；对发展中经济体而言，过长的出口持续时间会使出口产品质量表现出“低端锁定”和“低端下滑”特征。

祝树金等（2019）构建了一个包括出口商、目的地分销商和潜在侵权商的博弈模型，基于2003—2011年数据研究以普遍道德水平衡量的目的地非正式制度影响企业出口产品质量的机制及效应，研究发现以普遍道德水平衡量的目的地非正式制度改善，通过降低出口企业预期的违约风险及产品被侵权风险，促进企业出口更高质量的产品。目的地普遍道德水平对出口产品质量的影响效应也依赖于目的地法治水平，二者之间存在相互补充、相互促进的关系。

第二节　环境全要素生产率相关研究

早期学者一般使用全要素生产率（TFP）来衡量经济的发展水平，但是这类研究在探讨经济发展水平时，并未考虑环境因素对经济发展的影响。而近十几年来，环境问题已成为经济发展的关键问题，越来越受到研究者的重视。将环境问题纳入全要素生产率的测算中，成为经济发展的必然趋势。

全要素生产率（TFP）的测算方法可以分为四类：

第一，代数指数法。如 Tornquvist 指数、Fischer 指数。这类方法假设资本和劳动力可以完全替代，并且边际生产率不变。但是由于假设条件过于严格，这类方法更多的是一种概念化的定义，可操作性差，因而较少用于实证分析。

第二，增长核算法，一般也称“索洛余值法”。这类方法在完全竞争和利润最大化的假设条件下，将投入要素从人均产出增长中剔除，将剩余部分归因于技术进步。虽然假设条件较第一类方法有所放松，但是并不适合于大多数发展中国家。并且，这类方法将 TFP 的变化完全归因于技术进步，没有考虑效率变化。

第三，随机前沿生产函数法（SFA）。与第二种方法相比，这类方法将 TFP 的变化分解为生产可能性边界的变化和技术效率的变化，因此比传统的生产函数法更接近实际情况。与前两种方法类似，这类方法一般需要设定生产函数形式，属于参数法。

第四，数据包络分析法（DEA）。与前三种方法不同，这类方法不需要设定生产函数形式，属于非参数方法，是近年来研究生产率的常用方法。使用 DEA 方法测算生产率一般分为两步，第一步先使用 DEA 方法测算不同时期的静态生产效率，第二步基于不同的指数（指标）① 方法，将不同时期静态生产

① 本书将通过乘除计算得到的数值称为“指数”，将通过加减计算得到的数值称为“指标”。

效率进行组合，生成动态增长率指数（指标）。

用 DEA 方法测算静态生产效率有径向和角度上的区别。径向（radial）指在求解生产前沿过程中，投入和产出必须同比例变化，即投入和产出必须同时增加或者同时减少。非径向（non - radial）则不需要投入和产出同比例变化，即分别存在投入和产出的松弛变量，使投入减少的同时产出增加。角度（oriented）分为投入角度和产出角度，这两种角度的主要差别是目标不同。投入角度指在求解生产前沿时，将投入的减少作为首要目标，其次再考虑产出的增加；产出角度与此相反，将产出的增加作为首要目标，其次再考虑投入的减少。非角度（non - oriented）则是同时考虑增加投入，减少产出。

目前基于 DEA 测算方法的动态生产率指数（指标），主要有三种：Malmquist 指数、Luenberger 指标和 Malmquist - Luenberger 指数。这三种指数（指标）在方法上没有明显的优势或劣势。其中，Malmquist 指数和 Malmquist - Luenberger 指数均是基于比值的测算方法，即由静态指数（指标）相乘除获得；而 Luenberger 指标是基于差值的测算方法，即由静态指数（指标）相加减获得。多数研究会将计算得到的动态生产率进行分解，一般分解为效率变化、技术进步，或者纯效率变化、纯技术变化、规模效率变化和技术规模变化。

早期测算生产率一般是将谢泼德产出距离函数（SDF）与 Malmquist 生产率指数相结合。Färe et al.（1994）使用基于产出角度的 SDF 和 Malmquist 生产率指数测算了 1979—1988 年 17 个 OECD 国家的生产率指数，并将生产率分解为技术变化和效率变化两部分。郑京海等（2002）在 Färe et al.（1994）的基础上，测算 1980—1994 年中国国有企业的生产率。颜鹏飞、王兵（2004）则是从投入角度测算了 1978—2001 年中国 30 个省份的生产率。采用类似方法的还有王兵、颜鹏飞（2006），杨文举（2006），章祥荪、贵斌威（2008）等。

当考虑资源和环境问题时，通常将伴随生产出现的“坏”产出（CO_2、SO_2、COD 等）作为非期望产出，但是 SDF 方法无法包含非期望产出，因此无法用此方法测算环境全要生产率（ETFP）。

Chunget al.（1997）同时考虑了生产过程中的好产出和坏产出，使用产出角度的方向性距离函数（DDF）测算了静态生产效率，并在传统 Malmquist 指数基础上建立了新的生产率指数——Malmquist - Luenberger 生产率指数，测算了 1986—1990 年瑞典纸浆和造纸行业的动态生产率。在此之后，基于方向性距离函数的 Malmquist – Luenberger 生产率指数成为多数学者测算包含非期望产出生产率的主要方法。Färe et al.（2001）将 SOx、CO 排放作为非期望产出，测算了 1974—1986 年美国制造业的生产率。Boyd et al.（2002）将氮氧化物排放作为非期望产出，测算了 1987—1990 年美国玻璃行业的生产率。Kumar（2006）将 CO_2 排放作为非期望产出，测算了 1971—1992 年 41 个发展中国家和发达国家的生产率。王兵等（2008）将 CO_2 排放作为非期望产出，测算了 APEC 17 个国家和地区的生产率。陈诗一（2010）同样将 CO_2 排放作为非期望产出，测算了 1980—2008 年中国 40 个工业行业的生产率。李斌等（2013）将环境污染排放指数和 CO_2 排放作为非期望产出，测算了中国 2001—2010 年 36 个工业行业的生产率。

虽然在考虑非期望产出时，方向性距离函数（DDF）优于传统的谢泼德距离函数（SDF），但是 DDF 在测算静态效率时仍然要选择投入角度或产出角度。并且 DDF 是径向的，即在构建生产前沿时，投入和产出必须同比例变化，这一假设在实际生产过程中是不现实的，并且难以实现。

由于 DDF 存在以上缺陷，Tone（2001）提出了基于松弛效率测算（SBM）的 DEA 方法。在 SBM 方法中，假设分别存在投入和产出的松弛向量，松弛向量分别衡量的是某一时刻投入和产出与生产前沿的距离。由于分别存在投入和产出松弛变量，在测算过程中不必假设投入和产出同比例变动，因此 SBM 是非径向的。另一方面，SBM 在测算中可以不选择角度，即可以同时考虑产出的增加和投入的减少。因此 SBM 解决了 DDF 的径向和角度问题。但是 Tone（2001）首次提出 SBM 测算方法时，并没有考虑非期望产出。随后，Tone（2003）将非期望产出纳入 SBM 的测算框架，构建了基于非期望产出的 SBM 方法。Fukuyama and Weber（2009）在此基础上，又提出了一种基于松弛效率损失的测算方法（SBI）。区别在于，SBM 生产前沿的目标函数是投入和产出松弛变量比值的最小值，为非线性目标函数，并且在实际测算过程中需要将目标函数转化为线性形式，才能求解出目标函数的最优值；SBI 生产前沿的目标函数是投入和产出松弛变量和的最大值，是线性目标函数，在实际测算过程中可以直接求解出目标函数的最优值。在一定条件下，SBI 可以转化为 SBM，Fukuyama and Weber（2009）对此进行了论证。但是 Fukuyama and Weber（2009）在提出 SBI 时并没有考虑非期望产出。

王兵等（2010）将 Tone（2003）包含非期望产出的 SBM 与 Fukuyama and

Weber（2009）的 SBI 方法相结合，提出了包含非期望产出的 SBI 方法，结合 Luenberger 生产率指标①，将 SO_2、COD 作为非期望产出，测算了中国 1998—2007 年 30 个省市的全要素生产率。之后，也有较多学者用该方法测算中国的环境全要素生产率。万伦来、朱琴（2013）将废水、SO_2、固体废物排放作为非期望产出，测算了中国 1999—2010 年 28 个工业行业的全要素生产率。原毅军、谢荣辉（2015）将 CO_2 排放作为非期望产出，测算了 2000—2012 年中国 30 个省市的全要素生产率。李玲、陶锋（2012）将废水、CO_2、SO_2 和固体废物排放量作为非期望产出，测算了 1999—2009 年中国 28 个制造业行业的全要素生产率。王兵、梁淑珍（2012）将 SO_2 和 COD 作为非期望产出，测算了中国 1999—2008 年 26 个制造业行业的全要素生产率。

除此之外，刘瑞翔、安同良（2012）同样将 Tone（2003）包含非期望产出的 SBM 和与 Fukuyama and Weber（2009）的 SBI 方法相结合，提出了一种不同于王兵等（2010）的模型。但是本书认为王兵等（2010）的模型更好，因为刘瑞翔、安同良（2012）在建立生产前沿目标函数时，认为投入和产出的松弛向量是同质的，但是在 Fukuyama and Weber（2009）的模型中，实际上对投入和产出的松弛向量进行了区分，而王兵等（2010）建立的模型与 Fukuyama and Weber（2009）的模型在内涵上相吻合。

虽然 Malmquist 指数、Luenberger 指标和 Malmquist - Luenberger 指数在方法上没有明显的优势或劣势，但是由于包含非期望产出的 SBI 方法的生产前沿目标函数是投入和产出松弛变量和的最大值，具有可加性，并且 Luenberger 指标是由静态指数（指标）相加减获得，也具有可加性，因此将 SBI 方法与 Luenberger 指标相结合测算的生产率指标同样具有可加性，可以将生产率分解到更细致的层面。正是基于这个原因，董敏杰等（2012）提出了基于 SBI 方法测算的类似 Luenberger 生产率指标，使用静态效率损失值构建类似 Luenberger 指标的生产率指标，并将该生产率按要素和产出分解为技术利用效率变化和技术进步。董敏杰等（2012）将 SO_2、COD 作为非期望产出，测算了 2001—2007 年中国 30 个省市的全要素生产率。原毅军、谢荣辉（2015），谢荣辉（2017）

① 王兵等（2010）将包含非期望产出的 SBI 仍然称为 SBM，此后，沿用王兵等（2010）方法的文献仍将此方法称为 SBM，但是王兵等（2010）方法的基本模型主要是 Fukuyama and Weber（2009）所提出的 SBI。本书认为王兵等（2010）提出的包含非期望产出的 SBI 方法称为 SBI 模型更合理，董敏杰等（2012）亦是如此称呼。

使用该方法测算了2000—2012年中国30个省份绿色全要素生产率。李鹏升、陈艳莹（2019）使用该方法测算了全国286个城市2007—2010年规模以上污染源重点调查企业的绿色全要素生产率。

第三节　环境规制相关研究

传统观点认为环境保护（环境规制）是将企业外部环境问题内部化，会使企业重新分配投入要素减少污染排放，虽然整个社会的福利因为污染的减少而增加，但是要素的重新分配会偏离企业的生产投资，产生一个额外的成本，降低企业的绩效。

Porter（1991），Porter and van der Linde（1995）提出了不同的观点——“波特假说”（Porter Hypothesis）。他们认为传统的观点只考虑了静态（static）的企业最优决策，因此环境规制会造成企业竞争力的下降。但是环境规制对企业的影响实际是一个动态（dynamac）过程，环境规制会使企业产生一个“遵从成本”（compliance costs），企业会在环境约束下进行创新，形成“创新补偿”（innovation offsets），这个创新补偿可以降低企业的规制成本，甚至在某些情况下可以提高企业的绝对优势，完全弥补环境规制成本，提升企业的竞争力。随后也有学者对Porter and van der Linde（1995）的部分观点进行了质疑，其中具有代表性的是Palmer et al.（1995）。Ambec et al.（2013）对“波特假说”的内涵及近20年的发展做了比较详细的综述，在此不再赘述。

Jaffe and Palmer（1997）根据Porter and van der Linde（1995）的观点将“波特假说”分为三个版本：窄版（narrow）、弱版（weak）、强版（strong）。“窄波特假说”认为灵活的环境政策（环境税等）比确定形式环境政策（命令—控制型规制）更能刺激企业的创新；“弱波特假说”认为环境规制会刺激创新；“强波特假说”认为环境规制不仅可以刺激创新，适当的环境规制还可以提高企业利润。

在此后的研究中有大量学者使用不同指标、不同年份、不同数据库的数据对三个版本的“波特假说”进行了检验。大多数学者主要是检验弱版和强版的“波特假说”，因为环境政策的选择、界定及数据约束性等问题，较少有学者检验窄版“波特假说”。“弱波特假说”的检验一般将R&D或者专利作为创新的代理变量，检验环境规制是否会促进 R&D 的投入或者专利的申请。即使使用不同年份、不同国家的数据，大多数研究结论均能证实“弱波特假说”的存在，即环境规制确实可以刺激创新。对“强波特假说”的检验一般选择行业竞争力、投资或生产率作为企业绩效（竞争力）的代理变量。但是由于数据的不同，“强波特假说”的研究结论有所差异。Lanioie et al.（2011）同时检验了三个版本的“波特假说”，Rubashkina et al.（2015）对弱版和强版“波特假说”进行了检验。以上两篇文章对外国近十几年中不同版本“波特假说”的检验结论进行了较系统的综述，在此不再赘述。值得注意的是，早期研究结论一般不支持“强波特假说”，但是大多数近期的研究结论支持“强波特假说”，可能的原因是早期环境规制推动企业进行创新，但是创新的补偿效应存在一定的时滞性，因此近期的研究结论更多的支持“强波特假说”。

以上文献主要是使用国外数据（大多是美国数据）对“波特假说”进行检验，本书主要聚焦中国问题，主要对使用中国数据并使用生产率作为企业绩效代理变量进行“强波特假说检验”的文献进行综述。

较多的文献是将全要素生产率作为企业绩效的代理变量。李树、陈刚（2013）使用中国 1994—2008 年行业数据，发现中国 APPCL2000 的修订显著提高了空气污染密集型工业行业的全要素生产率。王杰、刘斌（2014）使用 1998—2011 年中国工业企业数据库，发现环境规制对企业全要素生产率的影响符合倒 N 形曲线关系。原毅军、谢荣辉（2016）使用 2002—2012 年中国省级面板数据，发现费用型环境规制与环境全要素生产率之间呈 U 形曲线关系，而投资型环境规制与环境全要素生产率之间具有负向线性关系。韩超等（2017）使用 1998—2007 年中国工业企业数据库，从资源错配的角度验证了约束性污染控制会显著提高污染行业的全要素生产率。Zhou et al.（2017）使用 1998—2008 年中国工业企业数据库，发现环境规制会造成企业全要素生产率的下降。虽然以上文献衡量环境规制的变量不同，使用的数据库不完全相同，但是研究的年份有重合，因此大部分研究的结论支持“强波特假说”，发现无论是省级层面、行业层面还是企业层面，恰当的环境规制均能促进全要素生产率。

环境规制主要是对生产过程中的污染物的排放进行限制约束，用包含非期望产出的环境全要素生产率来衡量企业绩效比全要素生产率更合适，但是这部分研究并没有形成统一的结论，一方面可能是数据的选择不同，另一方面可能是环境规制的衡量或者环境全要素生产率的测算方法不同。①

殷宝庆（2012）使用2000—2010年中国行业数据，发现环境规制与环境全要素生产率之间符合U形曲线关系。李玲、陶锋（2012）使用中国1999—2009年行业数据，发现环境规制对不同污染程度行业的环境全要素生产率的影响程度不同，对重度污染行业表现为促进作用，对中度和轻度的影响符合U形曲线关系，并且进一步分析了环境规制对技术进步和纯技术进步（环境全要素生产率分解项）的影响，也得出了类似结论。李胜兰等（2014）使用1997—2010年中国省级面板数据，发现环境规制对区域生态效率具有制约作用。蔡乌赶、周小亮（2017）使用2003—2014年中国省级数据，检验了三种环境规制（命令控制型、市场激励型和自愿协议型）对环境全要素生产率的直接和间接影响，不同环境规制对环境全要素生产率的影响不完全相同。

Porter and van der Linde（1995）提到环境规制可以激励企业进行创新，改变现有投入要素的生产方式，在减少污染排放的同时可以提高企业的资源投入生产率。以上文献对环境全要素生产率的研究仅停留在生产率的结果层面，李玲、陶锋（2012）虽然对环境全要素生产率进行了进一步分解，但也主要是研究环境规制对技术进步和技术效率的影响。Johnstone et al.（2017）使用1990—2009年20个国家的数据，发现环境规制对电力行业能源使用效率和污染排放效率有显著的正效应。

从Porter（1991），Porter and van der Linde（1995）引申出来的“波特假说”一直是学术界的关注重点，“波特假说”主要关注于环境规制对创新、环境绩效和企业绩效的影响。实际上除了“波特假说”，Porter（1991），Porter and van der Linde（1995）在其文章中提出环境规制可能对产品质量产生影响。Porter（1991），Porter and van der Linde（1995）认为环境规制会激励企业减少使用有毒原材料或不可再生资源，使用更清洁的能源或可再生资源，生产质量更高的产品。另外，产品质量也属于企业绩效的一部分，但是目前关于环境规制对企业绩效的研究基本上关注的是生产率和竞争力，关注环境规制对产品质

① 环境全要素生产率（environmental total factor productivity）和绿色全要素生产率（green total factor productivity）是同一个概念，不同文献中作者选择的表达方式不同，在本书的文献综述部分，不论原文作者使用的是哪一个概念，本书统一使用“环境全要素生产率”这个概念。

量影响的文献较少。

关于环境规制对出口质量的研究结论基本相似，Jamalpuria（2013）研究发现环境规制能显著提高印度制造业产品质量，但其研究过程略显粗糙，且产品质量的衡量采用的是非价格指标（ISO9000），并未对产品质量进行精确的测算。彭冬冬等（2016）使用2004—2005年中国工业企业和海关数据，研究发现环境规制对中国总体和清洁行业的企业出口产品质量的影响符合U形曲线关系，对污染密集型行业出口产品质量的影响符合倒U形曲线关系。刘家悦和谢靖（2018）使用2000—2011年中国制造业行业出口到28个OECD国家的数据，发现根据固定资产投资比重的不同，环境规制对制造业出口质量的影响为U形或J形曲线。王杰等（2019）使用2000—2006年中国工业企业数据和海关数据，发现环境规制可以显著提高企业的出口产品质量。

第四节 对现有研究的评述

综合分析上述文献，可以发现现有文献主要存在以下四个方面的局限性：

一、出口产品质量测算方法的局限性

采用价格或单位价值代表出口产品质量，虽然简便，但并不科学，这种做法无法将除产品质量之外其他影响价格的因素剔除，因此采用该种方法得到的实证研究结论的可信度值得商榷。Hallak and Schott（2011）的迭代测算方法仅适合测算大类行业或国家层面的出口产品质量，无法用于测算细分产品层面的质量，限制了其应用范围。本书需要将测算的出口产品质量与中国两分位行业相匹配，因此需要测算细分的产品层面质量，Hallak and Schott（2011）的迭代测算方法无法实现这一目标。Khandelwal（2010）的方法对数据的要求较高，且测算结果中包含消费者对质量的偏好，无法剥离，另外产品的市场份额数据无法获得，Khandelwal（2010）使用进口渗透率反推出的产品市场份额是不准确的。Feenstra and Romails（2014）的方法需要估计模型的三个参数：产品间的替代弹性、产品质量的产出弹性和生产率分布函数的分散度参数，而这三个参数值也没有确切的标准值。Feenstra and Romails（2014）在自行估计模型参数后，需要对比其他人的相似研究，才能确保参数设置的准确性。Henn et al.（2015）的方法缺少严谨的理论推导过程，同样的测算结果中包含消费者对质量的偏好，无法剥离。可以发现以上使用价格指标衡量出口产品质量的方法均存在不同程度的缺陷。

二、环境全要素生产率测算方法的缺陷

王兵等（2010）将 Tone（2003）包含非期望产出的 SBM 与 Fukuyama and Weber（2009）的 SBI 方法相结合，提出了包含非期望产出的 SBI 方法。在其文章中，将此方法仍然称为 SBM 方法，所以多数使用此方法的文献沿用了王兵等（2010）的称呼（万伦来、朱琴，2013；原毅军、谢荣辉，2015；李玲、陶锋，2012；陈浩等，2020 等）。

但是在部分文献中却存在一些错误。王兵等（2010）提出来包含非期望产出的 SBI 方法，使用的是 Excel Solver Prem Platform 软件包进行效率和生产率的计算。部分文献在模型部分使用的是王兵等（2010）提出来包含非期望产出的 SBI 方法，在计算过程中使用的是 DEA Solver 或者 MAX DEA 软件。这两个软件中的 SBM 方法是基于 Tone（2003）提出的包含非期望产出的 SBM 模型，并不是王兵等（2010）提出的包含非期望产出的 SBI 模型。因此造成了这类文献的模型与方法的不一致。其次，有些文献使用的是王兵等（2010）提出的包含非期望产出的 SBI 模型，但是在其文章中错误地认为此方法出自 Tone（2003）的文章。

目前使用包含非期望产出的 SBI 模型测算中国全要素生产率的文献，多数与 Luenberger 指标相结合，并且大多数使用的是省级层面的面板数据，也有部分文献使用的是行业层面的面板数据。这类文献一般将 Luenberger 生产率指标进一步分解为效率变化、技术变化，或者纯效率变化、纯技术变化、规模效率变化和技术规模变化，鲜有文献从投入和产出的角度对生产率指数进行分解。董敏杰等（2012）从要素投入和产出角度对通过省级面板数据计算获得的全要素生产率进行分解。但是目前还没有文献从投入和产出角度对行业层面的全要素生产率进行分解。

另外，本书将在第四章详细阐述现有文献中使用 SBI 方法和 Luenberger 生产率指标相结合测算环境全要素生产率的方法，在测算跨期指标时存在明显缺陷，导致环境全要素生产率的测算结果被低估。

三、鲜有文献考察环境规制对投入生产率和产出生产率的影响

本书认为验证“强波特假说”，使用包含非期望产出的环境全要素生产率作为绩效的代理变量比全要素生产率更合适。但是较少有文献考察环境规制对环境全要素生产率的影响。在现有文献中，研究主要停留在环境全要素生产率层面或者分解到技术进步和技术效率层面。虽然 Johnstone et al.（2017）研究了环境规制对能源使用效率和污染排放效率的影响，但是其研究主要停留在静态效率层面，并没有分析环境规制对动态环境全要素生产率的影响。本书将从两个角度对环境全要素生产率进行分解，分别分解为效率变化、技术进步；投入节约率、期望产出生产率、非期望产出削减率。分别从整体、效率技术以及投入产出角度，分析环境规制对环境全要素生产率的影响。

四、少有文献考察环境对出口产品质量的影响结果及影响路径

目前多数文献是从人均收入、制度、地理距离、金融危机、FDI、融资约束、生产率等方面研究其对出口产品质量的影响，但是鲜有文献考察环境对出口产品质量的影响，本书想探讨环境全要素生产率对出口产品质量的影响。

一方面，现有研究环境规制对出口质量影响的文献，或讨论过程过于粗糙、衡量指标过于简陋（Jamalpuria，2013），或讨论的时间跨度较短。彭冬冬等（2016）使用 2004—2005 年中国工业企业和海关数据，刘家悦和谢靖（2018）使用 2000—2011 年中国制造业行业出口到 28 个 OECD 国家的数据，王杰等（2019）使用 2000—2006 年中国工业企业数据和海关数据。另一方面，以上研究只关注环境规制对出口质量的影响结果，忽略了影响路径。产品质量也是企业绩效的一种表现形式，环境规制对企业绩效的影响是结果，其根源是对企业生产要素投入和生产效率的影响。环境规制对出口质量的影响结果固然重要，但是其影响路径也很重要，研究环境规制通过何种方式影响出口质量，能方便企业或行业面对环境规制时做出相应的调整，同时也能为政府制定环境政策提供相应的建议。

第三章　中国出口产品质量测算

第一节　出口产品质量测算方法

本书将产品质量定义为除价格以外消费者所衡量的产品价值，包含产品的任意有形属性（例如耐用性、实用性等），或无形属性（例如产品设计、产品所传递的信息等）。当产品质量提高时，会增加消费者对该产品的估值；产品质量越高，消费者效用越大。

本书在第二章相关研究综述部分对五类使用价格指标测算出口产品质量的方法做了基本的总结分析，综合考虑各类方法的优缺点和数据约束性后，最终选择使用 Henn et al. (2015) 的方法测算中国的出口产品质量[①]。

Hennet al. (2015) 的出口产品质量测算方法是以 Hallak (2006) 的研究结果为基础，对单位价值进行两方面的修正，最终得到出口产品质量。

首先，假设任意产品的贸易价格（单位价值，cif）的影响方程如下：

$$\ln p_{iet} = \alpha_0 + \alpha_1 \ln \lambda_{iet} + \alpha_2 \ln y_{et} + \alpha_3 \ln D_{ie} + \xi_{iet} \tag{3-1}$$

下标 i、e、t 分别表示进口国、出口国和时间。贸易价格受三方面因素影响：(1) 无法观测的产品质量 λ_{iet}；(2) 出口国的人均收入 y_{et}；(3) 进口国

① 本书主要是测算产品层面的中国出口产品质量，目前作者能获得的数据来源于 UN Comtrade 数据库，该数据库仅能提供 HS6 或者 SITC 五位码贸易数据。在第二章已经指出，单位价值不能准确地衡量出口产品质量；Khandelwal (2010) 方法对数据的要求较高，六位码数据的测算结果较为粗糙，且 Khandelwal (2010) 方法更适合于测算某国的进口产品质量或多个国家出口到共同国家的出口产品质量，不适合测算中国出口到世界各国的出口产品质量；Hallak and Schott (2011) 方法无法测算细分的产品层面出口产品质量；Feenstra and Romails (2014) 方法测算的是两个国家出口到共同国家的相对产品质量，同样不适合测算中国出口到世界各国的出口产品质量，且三个关键参数的估计较难。相比而言，Henn et al. (2015) 方法略优于其他方法，更适合本书测算中国出口产品质量的需求。

与出口国之间的距离 D_{ie}。

其次，建立质量调整的引力模型，假设任意产品的引力方程如下：

$$\ln IM_{iet} = FE_i + FE_e + \beta_1 \ln D_{ie} + \beta_2 I_{iet} + \beta_3 \ln\lambda_{iet} \ln y_{it} + \mu_{iet} \tag{3-2}$$

IM 为进口额，FE_i 和 FE_e 分别为进口国和出口国的固定效应，I_{iet}是标准引力模型中的贸易决定因素（包括：是否有共同边界、是否有共同语言、是否存在区域贸易协定、是否存在殖民关系）。由于出口产品质量 λ_{iet}一般还与进口国的人均收入有关，因此不同于传统的标准引力模型，式（3－2）还加入出口产品质量和进口国人均收入的交互项 $\ln\lambda_{iet}\ln y_{it}$。

对式（3－1）、式（3－2）进行变形，消除出口产品质量，可以得到：

$$\begin{aligned}\ln IM_{iet} = {} & FE_i + FE_e + \beta_1 \ln D_{ie} + \beta_2 I_{iet} + \varphi_1 \ln p_{iet} \ln y_{it} + \varphi_2 \ln y_{et} \ln y_{it} \\ & + \varphi_3 \ln D_{ie} \ln y_{it} + \xi_{iet}\end{aligned} \tag{3-3}$$

其中，$\varphi_1 = \dfrac{\beta_3}{\alpha_1}$，$\varphi_2 = -\dfrac{\alpha_2\beta_3}{\alpha_1}$，$\varphi_3 = -\dfrac{\alpha_3\beta_3}{\alpha_1}$，$\xi_{iet} = -\dfrac{\alpha_0\beta_3 + \xi_{iet}\beta_3}{\alpha_1}\ln y_{it} + \mu_{iet}$

由于式（3－3）解释变量 y_{it}与误差项相关，故将 y_{it}的滞后一期作为 y_{it}的工具变量，使用 2SLS 估计式（3－3）。

对式（3－1）进行变形，代入式（3－3）的估计系数，可以得到出口产品质量的估计值：

$$\hat{q}_{iet} = \beta_3 \lambda_{iet} + \frac{\alpha_0\beta_3}{\alpha_1} = \varphi_1 \ln p_{iet} + \varphi_2 \ln y_{et} + \varphi_3 \ln D_{ie} \tag{3-4}$$

在测算出口产品质量的回归结果中，无法将进口国对产品质量的偏好 β_3与产品质量 λ_{iet}分离。式（3－4）测算的是某一特定产品的出口产品质量，在后文的分析中我们需要使用行业层面的产品质量，故将该产品的出口额作为权重，计算该行业中所有产品的加权平均出口产品质量，作为该行业的出口产品质量。

第二节　中国出口产品质量测算结果

一、数据来源及处理说明

（一）数据来源

本书使用的贸易数据来源于 UN Comtrade。选择的是 1995—2014 年中国出口到 177 个国家 SITC Rev. 3 四位码的贸易数据，UN Comtrade 贸易数据包含进口产品单位编码及相应的进口数量，进口总价值（到岸价格）。SITC 数据的最详细的产品编码是五位码，本书之所以没有使用五位码有两方面原因：一是部分产品的五位码和四位码产品数目是相同的；二是本书测算产品质量使用的面板回归，五位码产品编码过于细分，有些产品可能在少数年份出口到某些国家，在其他年份没有出口到该国家，因此无法进行面板回归分析，四位码层面的产品数据极少出现此类情况。最终本书测算了 1995—2014 年中国出口到 177 个国家的 847 种产品，共 14 万个数据。

各国人均 GDP 和 CPI 来源于世界银行数据库（WDI），贸易协定数据根据 World Trade Organizations' Regional Trade Agreements database 的信息进行整理，其他贸易引力模型中的贸易决定因素数据来源于 CEPII。

（二）数据选择说明

本书使用 SITC 四位码贸易数据测算出口产品质量是否过于粗糙？本小节将对这一问题进行详细解答。

第一，为什么没有选择 HS - 8 或以上层面数据？事实上在测算出口产品质量的文献中，有部分文献使用了更微观的数据。Khandelwal（2010）、Hallak and Schott（2011）和 Amiti and Khandelwal（2013）使用的均是美国 HS - 10 的贸易数据，时间跨度分别为 1989—2001 年、1989—2003 年和 1990—2005 年。Khandelwal et al.（2013），施炳展、邵文波（2014）和张杰等（2015）使用的是中国海关 HS - 8 贸易数据，时间跨度分别为 2000—2005 年、2000—2006 年和 2000—2006 年。使用更微观的数据确实能从更细致的角度分析问题，但是存在的主要问题是数据难以获得，并且时间跨度年份较短，尤其是中国的数据①。

第二，为什么没有使用 HS - 6 层面的数据？UN Comtrade 同时提供了 HS - 6 和 SITC 层面的贸易数据，本书之所以没有使用 HS - 6 层面数据，是因为在后文的分析中需要将产品层面的数据与中国国民经济行业相匹配。盛斌的《中国对外贸易政策的政治经济分析》给出了 SITC 与中国国民经济行业相匹配的

① 虽然本书使用的不是微观企业数据，但是数据的测算结果仍然可以表示产品质量的变化趋势，在后文第三点中有解释说明。

参照表，本书参考盛斌的匹配方法，因此最终选择了 SITC 层面的贸易数据而不是 HS－6 层面的贸易数据。

第三，本书使用 SITC 四位码贸易数据所得到的测算结果可以代表出口产品质量吗？使用 SITC 四位码贸易数据测算出口产品质量并不是本书首创，Feenstra and Romails（2014）同样使用的是该层面的数据。关于该层面数据的测算结果是否可以代表出口产品质量，可以从两个方面理解：一是虽然与微观数据相比，使用 SITC 四位码贸易数据测算出口产品质量略显粗糙，但是该数据的测算结果仍然可以代表某个行业中产品的质量变化趋势。例如，中国总 GDP 变化趋势虽然不能代表中国各个省市的 GDP 变化趋势，但是中国大部分省市的 GDP 变化趋势应该与中国总 GDP 变化趋势一致。本章测算出口产品质量使用的是引力模型，包含进口额和单位价值，其他变量不存在产品个体差异，其中进口额是累加值，单位价值是平均值，虽然这两个变量存在产品个体差异，但是与 GDP 类似，总的变化趋势是可以代表大部分产品的变化趋势的，并且我们最终也是要将所有数据归总到行业层面进行实证研究。二是我们可以将使用 SITC 四位码贸易数据测算得到的结果作为产品质量的代理变量。

（三）工业行业编码匹配

由于 UN Comtrade 的贸易数据的行业划分依据是 SITC 标准，而中国行业的划分依据是《国民经济行业分类》，为了保持两者的统一，本书参考盛斌（2002）和陈诗一（2008），将 SITC Rev. 3 四位码与中国国民经济行业（GB/T 4754－2002）二位码进行合并。

将《中国统计年鉴》从 2002 年开始使用的 39 个中国工业行业分类（CICC）确定为基准[①]，本书的主要研究对象是制造业，故而将所有非制造业剔除；将农副食品加工业（2002 年版编码：13）与食品制造业（2002 年版编码：14）合并为“食品制造与加工业”；将其他采矿业（2002 年版编码：11）、工艺品及其他制造业（2002 年版编码：42）与废弃资源和废旧材料回收加工业（2002 年版编码：43）三个行业一起合并形成一个新的“其他工业”行业，这样总共获得 28 个制造业行业的产品编码对照表。在实际回归过程中，

① 与后文环境全要生产率的测算相一致，将 2002 年的行业分类作为基准。

由于“其他工业”行业的样本量较小且不完整，故剔除该行业，最终测算了27个制造业行业中的产品出口产品质量。

二、中国出口产品质量测算结果比较分析

本书通过式（3-4）计算了产品层面的出口产品质量，将各产品的当年出口额作为权重，计算27个制造业行业1995—2014年的加权平均出口产品质量。采用同样的加权方法，计算了中国1995—2014年加权平均出口产品质量。本节将分别从行业层面和国家层面对出口产品质量测算结果进行比较分析。

（一）行业层面

表3-1是1995—2014年27个制造业行业出口产品质量的测算结果。从表3-1的数据可以看出，大部分行业（22/27）的出口产品质量年平均增长率为正，仅5个行业的出口产品质量年平均增长率为负。其中，石油加工及炼焦业和专用设备制造业的出口产品质量在1995—2014年有明显的下降，其他3个行业（烟草加工业、木材加工业、医药制造业）的出口产品质量在1995—2014年的波动幅度较小，基本维持在一个稳定水平上。

表3-1　　1995—2014年中国制造业行业出口产品质量测算结果

行业名称	1995年	2014年	年平均增长率（%）
食品制造与加工业	0.8149	0.9362	0.0073
饮料制造业	0.6908	0.7190	0.0021
烟草加工业	0.2605	0.1978	-0.0144
纺织业	0.5232	0.7202	0.0170
服装业	1.1377	1.3017	0.0071
皮羽制品业	0.9344	1.0401	0.0057
木材加工业	1.0975	1.0313	-0.0033
家具制造业	1.0269	1.2647	0.0110
造纸及纸制品业	0.6238	0.9254	0.0210
印刷业	0.7580	0.9747	0.0133

续表

行业名称	1995 年	2014 年	年平均增长率（%）
文教体育用品制造业	1.1100	1.2200	0.0050
石油加工及炼焦业	0.7972	0.6596	-0.0099
化学原料及化学制品制造业	0.6048	0.6482	0.0037
医药制造业	0.5989	0.5816	-0.0015
化学纤维制造业	0.3700	0.6293	0.0283
橡胶制品业	0.3968	0.6895	0.0295
塑料制品业	0.7704	0.9831	0.0129
非金属矿物制品业	0.7077	0.8535	0.0099
黑色金属冶炼及压延加工业	0.5231	0.6532	0.0118
有色金属冶炼及压延加工业	0.6862	0.7791	0.0067
金属制品业	0.7010	0.8949	0.0129
通用设备制造业	0.6551	0.8021	0.0107
专用设备制造业	0.5980	0.5491	-0.0045
交通运输设备制造业	0.5207	0.7047	0.0161
电气机械及器材制造业	0.7895	1.0040	0.0127
通信及其他电子设备制造业	0.8207	1.0816	0.0146
仪器仪表制造业	0.8934	1.0187	0.0069

资料来源：作者计算整理。

因此可以认为，1995—2014 年中国大部分制造业行业的出口产品质量处于一个上升的趋势。

图 3-1 是分别选择年平均增长率最低的行业（烟草加工业）、年平均增长率中位数行业（非金属矿物制品业），以及年平均增长率最高的行业（橡胶制品业）绘制 1995—2014 年出口产品质量变化趋势图。从图中可以看出，三个典型行业的出口产品质量存在不同程度的波动，除了烟草加工业的出口产品质量有轻微下降趋势，非金属矿物制品业和橡胶制品业的出口产品质量均呈现增长趋势。其中，非金属矿物制品业的出口产品质量在三个行业中最高，但是橡胶制品业的出口产品质量增长速度更快。

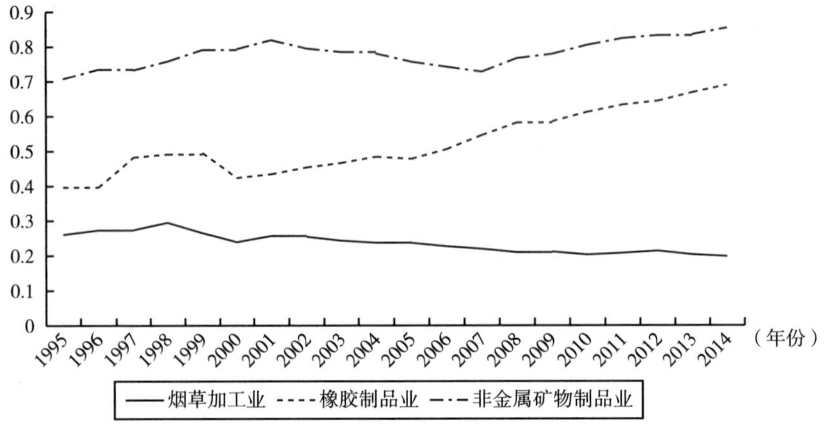

图 3-1　出口产品质量变化趋势

资料来源：作者计算绘制。

（二）国家层面

表 3-2 是 1995—2014 年中国出口产品质量的加权平均计算结果。从整体来看，中国 1995—2014 年间出口产品质量处于一个稳步上升的态势，其中仅三年（1997 年、2003 年、2004 年）的出口产品质量增长率出现了下降，但下降幅度较小。值得注意的是，2009 年以后出口产品质量出现了明显的上升，可能是受到 2007 年金融危机的影响，中国出口环境恶化，促使中国通过提高产品质量来促进中国的产品出口。

表 3-2　　1995—2014 年中国加权平均出口产品质量

年份	出口产品质量	增长率（%）
1995	0.8407	—
1996	0.8637	0.0273
1997	0.8604	-0.0038
1998	0.8672	0.0079
1999	0.8749	0.0089
2000	0.8779	0.0035
2001	0.8827	0.0055
2002	0.8885	0.0066

续表

年份	出口产品质量	增长率（%）
2003	0.8846	-0.0045
2004	0.8788	-0.0065
2005	0.8792	0.0004
2006	0.8797	0.0005
2007	0.8900	0.0117
2008	0.8949	0.0055
2009	0.9274	0.0363
2010	0.9333	0.0063
2011	0.9420	0.0093
2012	0.9473	0.0057
2013	0.9593	0.0126
2014	0.9660	0.0070

资料来源：作者计算整理。

本章小结

本章基于对出口产品质量测算的研究综述，根据本书的需求选择适宜的测算方法，以扩展引力模型为基础，测算中国制造业行业和省份层面的出口产品质量。

目前测算出口产品质量的主流方法主要有价格指数和非价格指数。其中，非价格指数主要是寻找出口质量的代理变量，而非进行直接测算。例如，是否获得国际生产标准 ISO9000 质量体系认证等。该类方法的主要问题是难以找到合适的代理变量，并且衡量标准过于笼统、略显粗糙，不适合本书的分析需求。

在价格指数中，单位价值不能准确地衡量出口产品质量；Khandelwal（2010）方法对数据的要求较高，六位码数据的测算结果较为粗糙，且 Khandelwal（2010）方法更适合于测算某国的进口产品质量或多个国家出口到共同国家的出口产品质量，不适合测算中国出口到世界各国的出口产品质量；Hallak and Schott（2011）方法无法测算细分的产品层面出口产品质量；Feenstra and Romails（2014）方法测算的是两个国家出口到共同国家的相对产品质量，同样不适合测算中国出口到世界各国的出口产品质量，且三个关键参数的估计较难。相比而言，Henn et al.（2015）方法略优于其他方法，更适合本书测算中国出口产品质量的需求。

在数据选择上，基于数据可获得性和本文的分析需要，选择 SITC 四位码数据，并详细阐述了选择原因。使用 SITC 四位码贸易数据测算出口产品质量不如更细分微观数据精细，但是该数据的测算结果仍然可以代表某个行业中产品的质量变化趋势。

中国出口产品质量测算结果显示，在行业层面，1995—2014 年 27 个制造业行业中，大部分行业（22/27）的出口产品质量年平均增长率为正，仅 5 个行业的出口产品质量年平均增长率为负。可以认为 1995—2014 年中国大部分制造业行业的出口产品质量呈现上升的趋势。

从整体来看，在国家层面，中国 1995—2014 年出口产品质量呈现稳步上升的趋势，其中 1997 年、2003 年和 2004 年的出口产品质量增长率出现了下降，但下降幅度较小。值得注意的是 2009 年以后，出口产品质量出现了明显的上升。

第四章　中国环境全要素生产率测算

第一节　改进的环境全要素生产率测算方法

环境全要素生产率的测算分为两步，第一步测算静态环境生产效率，第二步将不同时期静态环境生产效率进行了组合，生成动态环境全要素生产率指数（指标）。本章阐述了目前基于松弛向量的动态环境全要素生产率测算方法所存在的缺陷，对基于松弛向量的效率损失方法（SBI）目标函数的约束条件进行了修改，在此基础上提出了新的 Luenberger 生产率指标。

一、考虑环境的生产可行性集

在本节中，将每一个制造业行业看作一个决策单元（DMU），每年的生产可行性集由当年所有决策单元共同构成，生产可行性集则构成当年的生产前沿。参考 Färe et al.（2007）所构建的环境技术，将产出区分为好产出（期望产出）和坏产出（非期望产出），构建本书的生产前沿。

假设每个决策单元有 N 种投入，$x=(x_1,\cdots,x_N)\in R_+^N$，$M$ 种期望产出，$y=(y_1,\cdots,y_M)\in R_+^M$，$I$ 种非期望产出，$b=(b_1,\cdots,b_I)\in R_+^I$。由于不需要构建生产函数，生产过程中产生的环境污染作为非期望产出，构建如下生产可行性集：

$$P(x)=\{(y,-b):x\text{ 可以生产}(y,-b)\},x\in R_+^N \tag{4-1}$$

也就是说，对于每一个投入向量 x，都对应一个产出集 $P(x)$，产出集包含的 $(y,-b)$ 由 x 生产①。

① 为了区分期望产出和非期望产出，用正负号表示产出的方向，环境污染为非期望产出，故在生产可行性集中用负号表示。

二、包含非期望产出的方向性 SBI 方法（静态）

Tone（2003）提出一种包含非期望产出的非径向、非角度基于松弛向量的 DEA 测算方法：SBM（slacks - based measure）。但是 Tone（2003）所提出的 SBM 方法中目标函数是投入和产出松弛向量相除的结果，在实际求解过程中，需要将非线性函数转化为线性函数，再进行求解计算，较为复杂。Fukuyama and Weber（2009）在此基础上进行了改进，提出了基于松弛向量的方向性技术损失测算方法：SBI（slacks - based inefficiency）。SBI 方法中目标函数是线性函数，测算效率损失时更容易操作，但是 Fukuyama and Weber（2009）提出的 SBI 方法并不包含非期望产出。王兵等（2010）在此基础上进行了改进，提出了包含非期望产出的 SBI 方法。

假设存在 K 个决策单元，在 t 时期对每一个决策单元 k，构建如下包含非期望产出的 SBI 函数：

$$S(x^k, y^k, b^k; g^x, g^b, g^b) = \max_{s^x, s^y, s^b, \lambda_k} \frac{\frac{1}{N}\sum_{n=1}^{N}\frac{s_n^x}{g_n^x} + \frac{1}{M+I}\left(\sum_{m=1}^{M}\frac{s_m^y}{g_m^y} + \sum_{i=1}^{I}\frac{s_i^b}{g_i^b}\right)}{2} \tag{4-2}$$

$$\text{s.t.} \quad \sum_{k=1}^{K}\lambda_k x_n + s_n^x = x_n^k \tag{4-3}$$

$$\sum_{k=1}^{K}\lambda_k y_m - s_m^y = y_m^k \tag{4-4}$$

$$\sum_{k=1}^{K}\lambda_k b_i + s_i^b = b_i^k \tag{4-5}$$

$$\sum_{k=1}^{K}\lambda_k = 1 \tag{4-6}$$

$$s_n^x \geqslant 0, s_m^y \geqslant 0, s_i^b \geqslant 0, \lambda_k \geqslant 0 \tag{4-7}$$

其中 s_n^x，s_m^y，s_i^b 分别表示投入、期望产出、非期望产出的松弛向量，表示投入、期望产出、非期望产出与生产前沿的距离，代表的是一种效率损失。如果该松弛向量大于零，则表示存在过度投入、期望产出不足、非期望产出的过度排放。如果该松弛向量为零，则表示该决策单元恰好位于生产前沿线上，不存在投入、期望产出、非期望产出的损失。λ_k 表示每个决策单元的权重，当所有决策单元权重和为 1 时，表示规模报酬可变（VRS）；若去掉这一条件，便是规模报酬不变（CRS）。一般实际生产情况为规模报酬可变，因此本书余下部分均在规模报酬可变的假设下进行。(x,y,b) 为每一个决策单元的投入、期望产出和非期望产出向量，(g^x,g^y,g^b) 为减少投入、增加好产出和减少坏产出的方向性向量。SBI 方法的目标函数是投入损失和产出损失①之和平均值的最大值，即目标函数值越小，效率损失越小。

刘瑞翔、安同良（2012）也提出了另一种包含非期望产出的 SBI 方法，但是其目标函数与式（4－2）不同。式（4－2）分别求出投入和产出松弛变量平均值后再取平均值，刘瑞翔、安同良（2012）认为投入、期望产出和非期望产出是同质的，分别求出投入、期望产出和非期望产出松弛变量平均值后再取平均值。本书更认同王兵等（2010）的方法，因为首先，在 Tone（2003）提出的 SBM 方法中实际上区分了投入和产出，将投入和产出分别作为分子和分母。SBI 方法是在 SBM 方法基础上发展产生的，其内涵应该保持一致。其次，期望产出和非期望产出作为产出，是伴随投入而产生的，投入和产出理应有所区别。

按照式（4－2）可以将效率损失按照投入、期望产出和非期望产出进行分解：

投入效率损失：

$$IE_x = \frac{1}{2N}\sum_{n=1}^{N}\frac{s_n^x}{g_n^x} \tag{4-8}$$

期望产出效率损失：

$$IE_y = \frac{1}{2(M+I)}\sum_{m=1}^{M}\frac{s_m^y}{g_m^y} \tag{4-9}$$

非期望产出效率损失：

$$IE_b = \frac{1}{2(M+I)}\sum_{i=1}^{I}\frac{s_i^b}{g_i^b} \tag{4-10}$$

总效率损失：

$$IE = IE_x + IE_y + IE_b \tag{4-11}$$

可以发现总效率损失的构成式（4－11）与 SBI 方法的目标函数式（4－2）

① 产出损失指期望产出损失和非期望产出损失之和。后文所提及“产出”，均为期望产出和非期望产出的统称。

的构成是一致的。在下文中，我们将根据这一发现，从投入和产出角度对环境全要素生产率进行分解。

三、SBI - Luenberger 生产率指标的缺陷

包含非期望产出的 SBI 方法中，目标函数是投入损失和产出损失之和平均值的最大值，而 Chambers et al.（1996）所提出的 Luenberger 指标是由静态数据相加减获得，也具有可加性，因此将 SBI 方法与 Luenberger 指标相结合测算的生产率指标同样具有可加性，并且可以将生产率指标分解到更细致的程度。正是如此，董敏杰等（2012）经过一系列复杂的推导后，提出了基于 SBI 方法测算的类似 Luenberger 生产率指标分解方法，使用静态效率损失值构建 Luenberger 生产率指标，并将该生产率指标按要素和产出分解为投入和产出角度的技术利用效率变化和技术进步。本书认为董敏杰等（2012）的分解推导过程过于复杂，可以利用式（4-8）至式（4-11），直接从 SBI 方法和 Luenberger 生产率指标的基础构造上，得到与董敏杰等（2012）相同的分解结论①。

王兵等（2010）在 Luenberger 指标的基础上，使用规模报酬不变和规模报酬可变环境生产效率损失，将 Luenberger 指标分解为纯效率变化、纯技术进步、规模效率变化和技术规模变化。王兵等（2010）Luenberger 指标的分解方法也是之后研究中较常用的一种方法。

但是以上提到的两类方法在基于跨期的效率损失测算上存在明显的缺陷，背离了 Chambers et al.（1996）构建 Luenberger 指标的初衷。

Chamberset al.（1996）提出了基于方向距离性函数的 Luenberger 生产率指标，定义 t 和 $t+1$ 期 Luenberger 生产率指标为：

$$L(x^t,y^t;x^{t+1},y^{t+1})=\frac{1}{2}\lfloor \vec{D}^{t+1}(x^t,y^t;g_x,g_y)-\vec{D}^{t+1}(x^{t+1},y^{t+1};g_x,g_y)+\vec{D}^t(x^t,y^t;g_x,g_y)-\vec{D}^t(x^{t+1},y^{t+1};g_x,g_y)] \quad (4-12)$$

① 作者反复阅读董敏杰等（2012）的推导方法，始终无法理解其文章中式（7）和式（8）的推演过程。因此无法确定是作者的理解错误，还是其文章的推算过程不够严谨。但是可以确定的是董敏杰等（2012）的分解结果是正确的。本书的分解过程不需要进行复杂的数据推算，也可以得到与董敏杰等（2012）相同的结论。

其中，$\vec{D}^t(x^t,y^t;g_x,g_y)$、$\vec{D}^{t+1}(x^{t+1},y^{t+1};g_x,g_y)$ 分别为 t 和 $t+1$ 期方向性距离函数，$\vec{D}^{t+1}(x^t,y^t;g_x,g_y)$、$\vec{D}^t(x^{t+1},y^{t+1};g_x,g_y)$ 为跨期方向性距离函数，g_x、g_y分别为投入、产出的方向。

以下对后文将会提及的术语进行如下定义：

当期指标：包括 t 期指标和 $t+1$ 期指标，指当期 DMU 距离当期生产前沿的距离。跨期指标：指 $t+1$ 期 DMU 距离 t 期生产前沿的距离，或者 t 期 DMU 距离 $t+1$ 期生产前沿的距离。例如，式（4－12）中，$\vec{D}^t(x^t,y^t;g_x,g_y)$、$\vec{D}^{t+1}(x^{t+1},y^{t+1};g_x,g_y)$ 分别是 t 期指标、$t+1$ 期指标；$\vec{D}^{t+1}(x^t,y^t;g_x,g_y)$、$\vec{D}^t(x^{t+1},y^{t+1};g_x,g_y)$ 均是跨期指标。

Chamberset al.（1996）构建 Luenberger 生产率指标及其分解的思路如下：

在图 4－1 中，定义方向向量为 g,a、d 分别为 t 和 $t+1$ 时期的初始禀赋，(x^t,y^t) 和 (x^{t+1},y^{t+1}) 分别用为 m，n 表示。则生产前沿上的 4 个点可以分别表示为：

$$b=a+\vec{D}^t(m;g) \tag{4-13}$$

$$c=a+\vec{D}^{t+1}(m;g) \tag{4-14}$$

$$e=d+\vec{D}^t(n;g) \tag{4-15}$$

$$f=d+\vec{D}^{t+1}(n;g) \tag{4-16}$$

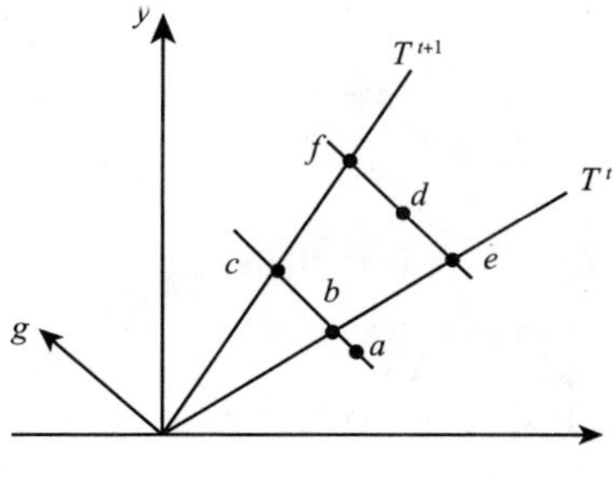

图 4－1　Luenberger 生产率指标分解图

资料来源：Chambers et al.（1996）。

值得注意的是，在图 4－1 中，$t+1$ 期禀赋点 d 是允许出现在 t 期生产前沿之外，即式（4－15）中 $\vec{D}^t(n;g)$ 允许为负值，跨期指标值允许为负。

根据 Chambers et al.(1996),王兵等(2010)建立基于 SBI 方法的 Luenberger 生产率指标:

$$L = \frac{1}{2}[S^t(x^t, y^t, b^t, g) - S^{t+1}(x^{t+1}, y^{t+1}, b^{t+1}, g) + S^{t+1}(x^t, y^t, b^t, g) - S^t(x^{t+1}, y^{t+1}, b^{t+1}, g)] \tag{4-17}$$

其中,$S^t(x^t, y^t, b^t, g)$、$S^{t+1}(x^{t+1}, y^{t+1}, b^{t+1}, g)$ 是 t、$t+1$ 期目标函数的最优解;$S^{t+1}(x^t, y^t, b^t, g)$、$S^t(x^{t+1}, y^{t+1}, b^{t+1}, g)$ 是跨期目标函数的最优解,分别为 $t+1$ 期的技术和 t 期的投入产出值,t 期的技术和 $t+1$ 期的投入产出值。

但是基于 SBI - Luenberger 生产率指标,由于约束条件的限制,计算的跨期效率损失有一个严重缺陷,即 $S^t(x^{t+1}, y^{t+1}, b^{t+1}, g)$ 和 $S^{t+1}(x^t, y^t, b^t, g)$ 是不准确的。以 $S^t(x^{t+1}, y^{t+1}, b^{t+1}, g)$ 为例,线性规划为:

$$S(x^k, y^k, b^k; g^x, g^b, g^b) = \max_{s^x, s^y, s^b, \lambda_k} \frac{\frac{1}{N}\sum_{n=1}^{N}\frac{s_n^x}{g_n^x} + \frac{1}{M+I}\left(\sum_{m=1}^{M}\frac{s_m^y}{g_m^y} + \sum_{i=1}^{I}\frac{s_i^b}{g_i^b}\right)}{2} \tag{4-18}$$

$$\text{s. t.} \quad \sum_{k=1}^{K}\lambda_k^t x_n^t + s_n^{x,t+1} = x_n^{k,t+1} \tag{4-19}$$

$$\sum_{k=1}^{K}\lambda_k^t y_m^t - s_m^{y,t+1} = y_m^{k,t+1} \tag{4-20}$$

$$\sum_{k=1}^{K}\lambda_k^t b_i^t + s_i^{b,t+1} = b_i^{k,t+1} \tag{4-21}$$

$$\sum_{k=1}^{K}\lambda_k^t = 1 \tag{4-22}$$

$$s_n^{x,t+1} \geqslant 0, s_m^{y,t+1} \geqslant 0, s_i^{b,t+1} \geqslant 0, \lambda_k^t \geqslant 0 \tag{4-23}$$

在式(4-23)中,要求投入和产出的松弛变量非负,即要求 $t+1$ 期禀赋点不能在 t 期生产前沿之外,在图 4-1 中,d 点不能出现在线 T^t 之外。在跨期指标中,可能存在一个点出现在生产前沿之外,此时松弛变量应为负值,但是在约束条件下,松弛变量非负,这种情况下,测算的松弛变量可能被高估,$S^t(x^{t+1}, y^{t+1}, b^{t+1}, g)$ 可能被高估。同理,$S^{t+1}(x^t, y^t, b^t, g)$ 也可能被高估。但是一般而言,生产技术会不断进步,生产前沿会不断外移,$t+1$ 期的技术水平高于 t 期的技术水平,相较于 $t+1$ 期禀赋点位于 t 期生产前沿之外而言,t 期禀赋点位于 $t+1$ 期生产前沿之外的概率会更低。因此 $S^t(x^{t+1}, y^{t+1}, b^{t+1}, g)$ 被

高估的概率要高于 $S^{t+1}(x^t,y^t,b^t,g)$ 被高估的概率。

此时测算的 Luenberger 生产率指标是有偏误的，以此为基础分解的技术进步可能被低估。因此所有基于 SBI 跨期指标测算的 Luenberger 生产率指标都是有偏误的。

为了解决这一测算偏误，只需改变跨期效率损失的约束条件。在测算 $S^t(x^{t+1},y^{t+1},b^{t+1},g)$ 时，式（4－23）去掉所有松弛变量非负的约束，其他约束条件不变。式（4－23）变为：

$$\lambda_k^t \geqslant 0 \tag{4-24}$$

同理，在测算 $S^{t+1}(x^t,y^t,b^t,g)$ 时，去掉所有松弛变量非负的约束，其他约束条件不变。

改变约束条件后，允许跨期效率损失的松弛向量为负值，即允许图 4－1 中，$t+1$ 期禀赋点 d 出现在 t 期生产前沿之外。

四、改进的 SBI－Luenberger 生产率指标及其分解（动态）

式（4－17）所建立的 Luenberger 生产率指标是由式（4－2）目标函数的最优解构成，前文我们证明了总效率损失的构成与 SBI 方法目标函数的构成是一致，因此也可以从效率损失的角度构造 Luenberger 生产率指标，并将其按投入和产出角度进行分解。

参考董敏杰等（2012）的分解方法，参照式（4－17）由效率损失构造 Luenberger 生产率指标：

$$\begin{aligned} IEL = \frac{1}{2}[& IE^t(x^t,y^t,b^t,g) - IE^{t+1}(x^{t+1},y^{t+1},b^{t+1},g) \\ & + IE^{t+1}(x^t,y^t,b^t,g) - IE^t(x^{t+1},y^{t+1},b^{t+1},g)] \end{aligned} \tag{4-25}$$

其中，$IE^t(x^t,y^t,b^t,g)$、$IE^{t+1}(x^{t+1},y^{t+1},b^{t+1},g)$ 分别是 t、$t+1$ 期总效率损失，$IE^{t+1}(x^t,y^t,b^t,g)$、$IE^t(x^{t+1},y^{t+1},b^{t+1},g)$ 是跨期总效率损失，分别为 $t+1$ 期的技术和 t 期的投入产出值的总效率损失，t 期的技术和 $t+1$ 期的投入产出值的总效率损失。与上文类似，在测算跨期效率损失时，去掉投入和产出松弛向量非负的约束。下文所有涉及跨期效率损失测算的约束条件，均去掉投入和产出松弛向量非负的约束。

式（4－25）衡量的是环境全要素生产率的变化，即总生产率的变化率，IEL 大于 0，表明生产率增长；反之，表明生产率下降。

将式（4－25）分解为效率变化和技术进步。

• 效率变化：

$$Effch = IE^{t}(x^{t},y^{t},b^{t},g) - IE^{t+1}(x^{t+1},y^{t+1},b^{t+1},g) \tag{4-26}$$

式（4－26）衡量的是效率变化，即不同时期决策单元与生产前沿的距离，*Effch* 大于 0，表明效率提升，反之，表明效率下降。

• 技术进步：

$$Tech = \frac{1}{2}[IE^{t+1}(x^{t+1},y^{t+1},b^{t+1},g) - IE^{t}(x^{t+1},y^{t+1},b^{t+1},g) + IE^{t+1}(x^{t},y^{t},b^{t},g) - IE^{t}(x^{t},y^{t},b^{t},g)] \tag{4-27}$$

式（4－27）衡量的是技术进步，即生产前沿的移动，*Tech* 大于 0，表明技术进步，反之，表明技术退步。

$$IEL = Effch + Tech \tag{4-28}$$

根据式（4－11），总效率损失分别由投入效率损失、期望产出效率损失和非期望产出效率损失相加构成，因此由总效率损失构成的 Luenberger 生产率指标可以进一步按照投入、期望产出和非期望产出进行分解。

构建投入角度的 Luenberger 生产率指标：

$$IEL_{x} = \frac{1}{2}[IE_{x}^{t}(x^{t},y^{t},b^{t},g) - IE_{x}^{t+1}(x^{t+1},y^{t+1},b^{t+1},g) + IE_{x}^{t+1}(x^{t},y^{t},b^{t},g) - IE_{x}^{t}(x^{t+1},y^{t+1},b^{t+1},g)] \tag{4-29}$$

式（4－29）衡量的是当期望产出和非期望产出不变时，投入的节约率。IEL_x大于 0，表明要素投入节约率增长；反之，表明要素投入节约率下降。

构建期望产出角度的 Luenberger 生产率指标：

$$IEL_{y} = \frac{1}{2}[IE_{y}^{t}(x^{t},y^{t},b^{t},g) - IE_{y}^{t+1}(x^{t+1},y^{t+1},b^{t+1},g) + IE_{y}^{t+1}(x^{t},y^{t},b^{t},g) - IE_{y}^{t}(x^{t+1},y^{t+1},b^{t+1},g)] \tag{4-30}$$

式（4－30）衡量的是当投入和非期望产出不变时，期望产出的生产率。IEL_y大于 0，表明期望产出的生产率增长；反之，表明期望产出的生产率下降。

构建非期望产出角度的 Luenberger 生产率指标：

$$IEL_{b} = \frac{1}{2}[IE_{b}^{t}(x^{t},y^{t},b^{t},g) - IE_{b}^{t+1}(x^{t+1},y^{t+1},b^{t+1},g) + IE_{b}^{t+1}(x^{t},y^{t},b^{t},g) - IE_{b}^{t}(x^{t+1},y^{t+1},b^{t+1},g)] \tag{4-31}$$

式（4－31）衡量的是当投入和期望产出不变时，非期望产出的削减率。

IEL_b大于0，表明非期望产出的削减率增长；反之，表明非期望产出的生产率下降。

五、改进的序列 DEA

以上部分所构建的测算方法均是基于当期 DEA（Contemporaneous DEA），即在构建生产前沿时，仅由当年的样本值进行构建，没有考虑过去的数据，这种情况下可能出现过去的技术不能应用于以后的时期，所构建的生产前沿可能会向内移动，出现技术倒退的现象，即当期的技术与历史的技术相比，出现退步的现象。这种情形下目标函数的求解结果可能会出现负值或者无解的情况，尤其是在计算指标时。

但是从理论上来看，当期的技术是以历史的技术为基础，一般不会出现技术退步的现象；另外，随着时间的推移，科技的发展，技术外溢、技术追赶效应的存在，从长期来看生产技术应该会进步，一般不会出现技术退步的现象。因此使用当期 DEA 计算的生产前沿可能会出现凹陷的情况。

而序列 DEA（Sequential DEA）的出现，可以很好地解决上述问题。序列 DEA 在构建生产前沿时包含了过去所有样本值，可以消除技术退步情况的出现。虽然序列 DEA 可以解决在当期 DEA 求解过程中出现的负值或者无解问题，但是序列 DEA 求解过程中仍然会出现部分负值或者无解情况。

Shestalova（2003）、王兵、颜鹏飞（2007）、Oh and Heshmati（2010）、庞瑞芝、李鹏（2011）均在其文章中运用了该方法。其中，庞瑞芝、李鹏（2011）的研究方法与本书的研究方法更接近，但其构建的跨期指标存在上文提到的缺陷，因此测算的序列生产率指标是有偏误的。

根据以上分析，本书使用改进后的 SBI－Luenberger 生产率指标，计算了序列 DEA 条件下的 Luenberger 生产率指标。

重新构建式（4－2）至式（4－7），第 T 期序列 DEA 的 SBI 函数如下：

$$S^t(x^{k,t},y^{k,t},b^{k,t};g^{x,t},g^{y,t},g^{b,t}) = \max_{s^{x,t},s^{y,t},s^{b,t},\lambda_k^t} \frac{\frac{1}{N}\sum_{n=1}^{N}\frac{s_n^{x,t}}{g_n^{x,t}} + \frac{1}{M+I}\left(\sum_{m=1}^{M}\frac{s_m^{y,t}}{g_m^{y,t}} + \sum_{i=1}^{I}\frac{s_i^{b,t}}{g_i^{b,t}}\right)}{2} \tag{4-32}$$

$$\text{s.t.} \quad \sum_{t=1}^{T}\sum_{k=1}^{K}\lambda_k^t x_n^t + s_n^{x,T} = x_n^{k,T} \tag{4-33}$$

$$\sum_{t=1}^{T}\sum_{k=1}^{K}\lambda_k^t y_m^t - s_m^{y,T} = y_m^{k,T} \tag{4-34}$$

$$\sum_{t=1}^{T}\sum_{k=1}^{K}\lambda_k^t b_i^t + s_i^{b,T} = b_i^{k,T} \tag{4-35}$$

$$\sum_{k=1}^{K}\lambda_k = 1 \tag{4-36}$$

$$s_n^{x,t} \geqslant 0, s_m^{y,t} \geqslant 0, s_i^{b,t} \geqslant 0, \lambda_k^t \geqslant 0 \tag{4-37}$$

式（4－36）表示，每个时期均为生产规模报酬可变（VRS）。

跨期指标序列 DEA 的 SBI 函数，目标函数仍然为式（4－32），约束条件有所改变。

对于 $S^t(x^{k,t+1}, y^{k,t+1}, b^{k,t+1}; g^{x,t+1}, g^{y,t+1}, g^{b,t+1})$，即 t 期的技术和 $t+1$ 期的投入产出值的约束条件为：

$$\sum_{t=1}^{T}\sum_{k=1}^{K}\lambda_k^t x_n^t + s_n^{x,T+1} = x_n^{k,T+1} \tag{4-38}$$

$$\sum_{t=1}^{T}\sum_{k=1}^{K}\lambda_k^t y_m^t - s_m^{y,T+1} = y_m^{k,T+1} \tag{4-39}$$

$$\sum_{t=1}^{T}\sum_{k=1}^{K}\lambda_k^t b_i^t + s_i^{b,T+1} = b_i^{k,T+1} \tag{4-40}$$

$$\sum_{k=1}^{K}\lambda_k = 1 \tag{4-41}$$

$$\lambda_k^t \geqslant 0 \tag{4-42}$$

与上文相同，式（4－42）删去了投入和产出松弛变量非负的约束。

对于 $S^{t+1}(x^{k,t}, y^{k,t}, b^{k,t}; g^{x,t}, g^{y,t}, g^{b,t})$，即 $t+1$ 期的技术和 t 期的投入产出值的约束条件为：

$$\sum_{t=1}^{T+1}\sum_{k=1}^{K}\lambda_k^t x_n^t + s_n^{x,T} = x_n^{k,T} \tag{4-43}$$

$$\sum_{t=1}^{T+1}\sum_{k=1}^{K}\lambda_k^t y_m^t - s_m^{y,T} = y_m^{k,T} \tag{4-44}$$

$$\sum_{t=1}^{T+1}\sum_{k=1}^{K}\lambda_k^t b_i^t + s_i^{b,T} = b_i^{k,T} \tag{4-45}$$

$$\sum_{k=1}^{K}\lambda_k = 1 \tag{4-46}$$

$$\lambda_k^t \geqslant 0 \tag{4-47}$$

与上文相同，式（4－47）删去了投入和产出松弛变量非负的约束。

在后文计算 SBI 环境生产效率损失时，需要选择方向向量对投入和产出松弛变量进行标准化处理，本书参照王兵等（2010）的做法，将各时期各变量的观测值作为自身的方向向量，即 $g=(x,y,b)$。

第二节　中国环境全要素生产率测算结果

一、数据来源及处理说明

（一）行业分类调整及统计口径调整

行业分类调整及统计口径调整主要参考陈诗一（2011）的调整方法，并根据实际情况在其调整基础上进行一定的修改。

1. 行业分类调整

本书主要测算中国制造业行业层面的环境全要素生产率，《国民经济行业分类标准》在 1984 年首次颁布，于 1994 年、2002 年、2011 年分别做了三次调整。其中与 1994 年版制造业行业分类相比，2002 年版制造业行业分类主要变化是：增加了废弃资源和废旧材料回收加工业（2002 年版编码：43）。与 2002 年版制造业行业分类相比，2011 年版制造业行业分类主要有三处显著变化：第一，将橡胶制品业（2002 年版编码：29）、塑料制品业（2002 年版编码：30）合并为橡胶和塑料制品业（2011 年版编码：29）；第二，将交通运输设备制造业（2002 年版编码：37）拆分为汽车制造业（2011 年版编码：36），铁路、船舶、航空航天和其他运输设备制造业（2011 年版编码：37）两个行业；第三，增加了金属制品、机械和设备修理业（2011 年版编码：43）。

本书主要以 2002 年版制造业行业分类为标准，将 1994 年版和 2011 年版制造业行业数据按一定标准调整为 2002 年版制造业行业数据。在 2002 年版制造业行业中，剔除工艺品及其他制造业（2002 年版编码：42）、废弃资源和废旧材料回收加工业（2002 年版编码：43），选择 1995—2014 年 27 个制造业行业数据。

其中主要需要调整的是 2011 年以后的数据。将 2012—2014 年的橡胶和塑料制品业数据按照2011年橡胶制品业、塑料制品业数据的比例进行拆分；将2012—2014年汽车制造业，铁路、船舶、航空航天和其他运输设备制造业的数据合并为交通运输设备制造业数据。由于新增的金属制品、机械和设备修理业是2002年版多个行业的子类数据合并而成，无法按照比例拆分，故而剔除该行业。

2. 统计口径调整

中国国家统计局公布的行业层面数据，统计口径经过了多次调整。1995—1997年为独立核算工业企业数据；1998—2006年为全部国有及规模以上非国有工业企业，其中规模以上非国有企业为年主营业务收入500万元以上的企业；2007—2010年为规模以上工业企业数据，其中规模以上企业为年主营业务收入在500万元以上的企业；2011—2014年为规模以上工业企业数据，其中规模以上企业为年主营业务收入在2000万元以上的企业。本书需要将这四种不同统计口径的数据全部调整为全口径工业数据。

（1）对于1995—1997年数据，《中国统计年鉴》提供了全国总体数据和总体的独立核算工业企业数据，计算总体的独立核算工业企业数据占全国总体数据的比例，用这一总体比例将1995—1997年每年各行业的数据调整为全口径工业数据。

（2）对于1998—2006年数据，2004年《中国经济普查年鉴》提供了2004年全口径分行业工业数据，可以计算2004年分行业全部国有及规模以上非国有工业企业数据占全口径工业数据的比例。假设1998年的各行业增长率与1997年相同，使用上一部分（1994—1997年）的数据计算1998年全口径工业数据，计算1998年分行业全部国有及规模以上非国有工业企业数据占全口径工业数据的比例。假设1998—2006年，分行业全部国有及规模以上非国有工业企业数据占全口径工业数据的比例是线性函数关系，根据1998年和2004年调整比例计算1998—2006年各年的调整比例，用这一调整比例将1998—2006年每年各行业的数据调整为全口径工业数据。

（3）对于2007—2010年数据，2008年《中国经济普查年鉴》提供了2008年全口径分行业工业数据，可以计算2008年分行业规模以上工业企业数据占全口径工业数据的比例。假设2007年的各行业增长率与2006年相同，使用上一部分（1998—2006年）的数据计算2007年全口径工业数据，计算2007

年分行业规模以上工业企业数据占全口径工业数据的比例。如果 2007 年的调整比例大于 2008 年，则 2007—2010 年调整比例使用 2008 年的调整比例[①]。如果 2007 年的调整比例小于 2008 年，则按照线性函数假设计算 2007—2010 年调整比例。用这一调整比例将 2007—2010 年每年各行业的数据调整为全口径工业数据。

（4）对于 2011—2014 年数据，2013 年《中国经济普查年鉴》提供了 2013 年全口径分行业工业数据，可以计算 2013 年分行业规模以上工业企业数据占全口径工业数据的比例。假设 2011 年的各行业增长率与 2010 年相同，使用上一部分（2007—2010 年）的数据计算 2011 年全口径工业数据，计算 2011 年分行业规模以上工业企业数据占全口径工业数据的比例。如果 2011 年的调整比例大于 2013 年，则 2011—2014 年调整比例使用 2013 年的调整比例。如果 2011 年的调整比例小于 2013 年，则按照线性函数假设计算 2011—2014 年调整比例。用这一调整比例将 2011—2014 年每年各行业的数据调整为全口径工业数据。

（二）变量选择及处理

1. 生产投入

本书选择了三种要素投入，分别为资本存量、从业人员和能源消费。

（1）资本存量。资本存量数据无法直接获得，通常根据永续盘存法进行估算。1995—2008 年数据使用陈诗一（2011）提供的数据，2009—2014 年数据根据陈诗一（2011）的方法进行计算。

①计算折旧率。从《中国工业统计年鉴》可以获得 2008—2014 年分行业规模以上工业企业固定资产原值和累计折旧。折旧率的公式计算如下：

$$本年折旧_t = 累计折旧_t - 累计折旧_{t-1} \quad (4-48)$$

$$折旧率_t = 本年折旧_t / 固定资产原值_{t-1} \quad (4-49)$$

由于本年折旧和固定资产原值的统计口径都是规模以上，式（4－49）是用两者的比值计算折旧率，因此不需要调整统计口径。

① 理论上，随着经济发展，规模以上的工业企业会增加，其数据占全口径工业数据的比例会增加，所以调整比例也会逐年增长。

②计算当年投资额。当年投资额由当期和上一期固定资产原值之差构成，即：

$$当年投资_t = 固定资产原值_t - 固定资产原值_{t-1} \quad (4-50)$$

在计算当年投资额时，要调整两部分的统计口径。第一，固定资产投资统计起点调整。1997 年起，除房地产投资、农村集体投资、个人投资以外，投资统计的起点由 5 万元提高到 50 万元。陈诗一（2011）计算发现新统计起点统计的数据占原统计数据的比例为 99.7%，差距较小，认为不需要对这一统计口径的变化进行调整。2011 年起，除房地产投资、农村个人投资外，固定资产投资的统计起点由 50 万元提高至 500 万元。2012 年《中国统计年鉴》分别提供了 2010 年按照新旧标准衡量的全社会投资额，根据计算，新统计起点统计的数据占原统计数据的比例为 90.49%，差距较大，因此 2011—2014 年当年投资额按这一比例进行调整，调整为统计起点 50 万元的统计口径。第二，本书计算的当年投资额是分行业规模以上工业企业的数据，需要将这一数据调整为全口径工业数据。陈诗一（2011）认为找不到比工业总产值占比更好的口径调整比例。本书按照这一方法，将 2009—2014 年分行业规模以上工业企业当年投资额调整为全口径工业当年投资额。

对于价格的平减，使用固定资产投资价格指数对当年投资额进行折算，折算为 1990 年可比价格当年投资额①。

③计算资本存量。资本存量的计算公式如下：

$$资本存量_t = 当年投资_t + (1 - 折旧率_t) \times 资本存量_{t-1} \quad (4-51)$$

根据以上步骤，即可获得 1994—2014 年分行业可比价格资本存量。

以上数据均来源于《中国工业统计年鉴》《中国统计年鉴》。

（2）从业人员。将从业人员作为劳动投入的代理变量。1995—2006 年数据使用陈诗一（2011）提供的分行业从业人员数。《中国工业统计年鉴》提供了 2007—2014 年分行业规模以上工业企业全部从业人员年平均人数，2008 年和 2013 年《中国经济普查年鉴》提供了全口径分行业全部从业人员年平均人数，参照上一节的方法对行业分类和统计口径进行调整，进而可以获得 1994—2014 年全口径分行业从业人员数。

以上数据均来源于《中国工业统计年鉴》《中国经济普查年鉴》。

---

① 与陈诗一（2011）数据的基期相匹配。

（3）能源消费。本书测算的是包含环境污染的全要素生产率，在能源消费过程中会产生污染，因此将能源消费作为一种投入要素。在《中国能源统计年鉴》中，提供的1995—2013年分行业能源消费总量中并没有统计口径上的区分，因此不需要调整统计口径，行业分类调整参照上一节的方法。缺少2014年的数据，根据2012年和2013年的数据使用线性插值法获得2014年数据，进而可以获得1994—2014年分行业能源消费总量（万吨标准煤）。

以上数据均来源于《中国工业统计年鉴》《中国统计年鉴》《中国经济普查年鉴》《中国能源统计年鉴》。

2. 期望产出

本书期望产出使用的是工业总产值。《中国统计年鉴》提供了1994—1997年独立核算工业企业工业总产值，1998—2006全部国有及规模以上非国有工业企业工业总产值，2007—2011年规模以上工业企业工业总产值。2012—2014年并没有提供规模以上工业企业工业总产值数据，但是提供了规模以上工业企业主营业务收入数据。计算2011年规模以上工业企业主营业务收入与工业总产值的比例，按照统一比例将2012—2014年规模以上工业企业主营业务收入调整为工业总产值数据。参照上一节的方法对行业分类和统计口径进行调整，使用分行业工业生产者出厂价格指数进行折算，折算为1990年可比价格工业总产值，进而可以获得1994—2014年全口径分行业可比价格工业总产值。

以上数据均来源于《中国工业统计年鉴》《中国统计年鉴》《中国经济普查年鉴》《中国城市（镇）生活与价格年鉴》。

3. 非期望产出

由于数据的可获得性约束①，对应于能源消费作为投入要素，本书使用CO_2排放作为非期望产出。CO_2排放的计算方法参照陈诗一（2011）的方法。《中国能源统计年鉴》提供了1995—2013年分行业煤炭（万吨）、原油（万吨）和天然气（亿立方米）的消费总量。与能源消费总量数据类似，这三种能源的消费总量不需要调整统计口径，行业分类调整参照上一节的方法。缺少

① 《中国能源统计年鉴》只提供了2003—2010年分行业工业废水、废气及固体废弃物的数据，《中国环境统计年鉴》只提供了2004—2014年分行业工业废水、废气及固体废弃物的数据，2002年及以前的数据无法获得。

2014年的数据，根据2012年和2013年的数据使用线性插值法获得2014年数据。以上数据均来源于《中国能源统计年鉴》。

这三种能源消费过程中产生的CO_2按照如下公式计算：

$$C_t = \sum_{i=1}^{3} C_{i,t} = \sum_{i=1}^{3} E_{i,t} \cdot NCV_i \cdot CEF_i \cdot COF_i \cdot \frac{44}{12} \quad (4-52)$$

其中，C为CO_2排放量（万吨），i分别代表煤炭、原油和天然气，E为煤炭（万吨）、原油（万吨）和天然气（亿立方米）的消费总量，NCV为煤炭、原油和天然气的平均低位发热量，CEF为煤炭、原油和天然气的碳排放系数，COF为煤炭、原油和天然气的碳氧化因子，44和12分别是CO_2和C的分子量。煤炭、原油和天然气的具体CO_2排放系数如表4-1所示。

表4-1　三种能源CO_2排放系数

能源	NCV	CEF	COF	CO_2排放系数
煤炭	20908千焦/千克	26千克/1000000千焦	0.99	1.973千克/千克
原油	41816千焦/千克	20千克/1000000千焦	1	3.067千克/千克
天然气	38931千焦/立方米	15.3千克/1000000千焦	1	2.184千克/立方米

资料来源：根据陈诗一（2011）提供及作者计算整理。

二、中国环境生产效率损失测算结果比较分析（静态）

上文阐述了SBI方法和Luenberger生产率指标均具有可加性，为了匹配前文计算的27个制造业行业的出口产品质量，本节将农副食品加工业（2002年版编码：13）与食品制造业（2002年版编码：14）合并为“食品制造与加工业”，效率损失和生产率指标取两者平均值，分别从行业层面和国家层面比较了中国环境生产效率损失的测算结果。

（一）行业层面

观察表4-2可以发现，各行业的环境生产效率损失均值各不相同，且差异较大。其中，烟草加工业和通信及其他电子设备制造业的环境生产效率损失均值为零，其他行业均出现不同程度的效率损失。大部分行业的总环境生产效率损失主要来源于非期望产出效率损失。在剩余行业中，总环境生产效率损失主要来源于投入效率损失和期望产出效率损失的行业均等。表4-3根据

1995—2014 年环境生产总效率损失平均值将制造业分为三类，0.2668 为所有制造业行业 1995—2014 环境生产总效率损失平均值的中位数，可以发现总效率损失较大的行业主要是金属制造加工、石油、化工、造纸、纺织等行业。

表 4-2　1995—2014 年制造业行业年平均环境生产效率损失

行　业	IE	IE_x	IE_y	IE_b
食品制造与加工业	0.8360	0.0749	0.1498	0.6113
饮料制造业	0.4710	0.0418	0.1074	0.3218
烟草加工业	0.0000	0.0000	0.0000	0.0000
纺织业	0.3485	0.1502	0.0836	0.1147
服装业	0.0325	0.0133	0.0041	0.0150
皮羽制品业	0.0578	0.0296	0.0069	0.0214
木材加工业	0.0882	0.0407	0.0325	0.0150
家具制造业	0.0781	0.0375	0.0020	0.0386
造纸及纸制品业	0.4799	0.1136	0.2083	0.1580
印刷业	0.2208	0.0451	0.0929	0.0828
文教体育用品制造业	0.0582	0.0134	0.0000	0.0449
石油加工及炼焦业	0.8711	0.1783	0.4451	0.2477
化学原料及化学制品制造业	0.8038	0.1659	0.3946	0.2433
医药制造业	0.2190	0.0660	0.0213	0.1317
化学纤维制造业	0.2798	0.1154	0.0641	0.1004
橡胶制品业	0.2199	0.1007	0.0425	0.0767
塑料制品业	0.1363	0.0705	0.0000	0.0658
非金属矿物制品业	0.7879	0.1421	0.5761	0.0696
黑色金属冶炼及压延加工业	0.7045	0.1808	0.3608	0.1629
有色金属冶炼及压延加工业	0.5061	0.1487	0.1479	0.2096
金属制品业	0.2805	0.0965	0.0050	0.1791
通用设备制造业	0.2668	0.0849	0.0393	0.1426
专用设备制造业	0.3285	0.0344	0.1143	0.1797

续表

行　业	IE	IE_x	IE_y	IE_b
交通运输设备制造业	0.2749	0.0577	0.0318	0.1855
电气机械及器材制造业	0.0456	0.0102	0.0000	0.0355
通信及其他电子设备制造业	0.0000	0.0000	0.0000	0.0000
仪器仪表制造业	0.0311	0.0188	0.0012	0.0111

注：
(1) 表中数据为各行业效率损失的年平均值；
(2) IE、IE_x、IE_y、IE_b 分别代表总效率损失、投入效率损失、期望产出效率损失、非期望产出效率损失；
(3) 各类效率损失之间的关系为：$IE = IE_x + IE_y + IE_b$。
资料来源：作者计算整理。

表4-3　　　制造业行业环境生产总效率损失情况分类

总效率损失		
=0	≤0.2668	>0.2668
烟草加工业 通信及其他电子设备制造业	仪器仪表制造业 服装业 电气机械及器材制造业 皮羽制品业 文教体育用品制造业 家具制造业 木材加工业 塑料制品业 医药制造业 橡胶制品业 印刷业 通用设备制造业	交通运输设备制造业 化学纤维制造业 金属制品业 专用设备制造业 纺织业 饮料制造业 造纸及纸制品业 有色金属冶炼及压延加工业 黑色金属冶炼及压延加工业 非金属矿物制品业 化学原料及化学制品制造业 食品制造与加工业 石油加工及炼焦业

注：0.2668为所有制造业行业1995—2014环境生产总效率损失平均值的中位数。
资料来源：作者计算整理。

（二）国家层面

观察表4-4可以发现，1995—2014年中国年平均环境生产效率损失有一个缓慢下降的趋势，虽然2004年和2006年平均出现一定幅度的增长，但是整体而言是一个下降的趋势。

与行业年平均环境生产效率损失不同的是，中国年平均总环境生产效率损失的主要来源随着时间不断变化。2004 年以前，总环境生产效率损失的主要来源是期望产出效率损失，且该比重在逐年增加。2004 年以后，期望产出效率损失所占比重出现大幅下降，总环境生产效率损失的主要来源变成非期望产出效率损失和投入效率损失，其中非期望产出效率损失所占比重较大，但是这一比重在逐年减少，相应的投入效率损失所占比重在逐年增加。

表 4 -4　　1995—2014 年中国年平均环境生产效率损失

年份	IE	IE_x	IE_y	IE_b
1995	0.3668	0.1451	0.1106	0.1110
1996	0.3748	0.1096	0.1513	0.1139
1997	0.3567	0.0990	0.1524	0.1053
1998	0.3430	0.0778	0.1659	0.0994
1999	0.3521	0.0767	0.1864	0.0891
2000	0.3472	0.0681	0.1936	0.0855
2001	0.3462	0.0629	0.1896	0.0937
2002	0.3208	0.0656	0.1756	0.0795
2003	0.2938	0.0784	0.1336	0.0819
2004	0.4640	0.0677	0.0998	0.2965
2005	0.2878	0.0628	0.0942	0.1308
2006	0.6456	0.0670	0.0873	0.4914
2007	0.2253	0.0669	0.0514	0.1069
2008	0.2193	0.0625	0.0569	0.1000
2009	0.2377	0.0633	0.0739	0.1005
2010	0.2239	0.0629	0.0700	0.0910
2011	0.2082	0.0664	0.0340	0.1078
2012	0.1898	0.0651	0.0299	0.0948
2013	0.2328	0.0665	0.0691	0.0973
2014	0.2062	0.0702	0.0459	0.0901

注：

（1）表中数据为各效率损失的年平均值；

（2）IE、IE_x、IE_y、IE_b 分别代表总效率损失、投入效率损失、期望产出效率损失、非期望产出效率损失；

（3）各类效率损失之间的关系为：$IE = IE_x + IE_y + IE_b$。

资料来源：作者计算整理。

三、中国环境全要素生产率测算结果比较分析（动态）

上文提出的基于改进后的序列 DEA 计算的 SBI – Luenberger 生产率指标①，参考董敏杰等（2012）的分解方法，本书将环境全要素生产率从投入和产出角度进行分解。本节分别从行业层面和国家层面比较了 1995—2014 年中国制造业行业环境全要素生产率的测算结果。

（一）行业层面

观察表 4 – 5 可以发现，各行业动态环境全要素生产率年均值与静态环境生产效率损失年均值并不一致。在表 4 – 2 中，烟草加工业和通信及其他电子设备制造业的环境生产效率损失年均值为零，但是其环境全要素生产率的年均值为负。说明相较于静态指标而言，动态指标可以更准确地衡量生产率的变化趋势。

表 4 – 5　　1995—2014 年制造业行业年平均环境全要素生产率

行　业	IEL	Effch	Tech	IEL_x	IEL_y	IEL_b
食品制造与加工业	0.7528	0.0116	0.7412	–0.2959	1.2451	–0.1964
饮料制造业	0.8292	0.0072	0.8221	–0.5665	1.9913	–0.5956
烟草加工业	–0.2928	0.0000	–0.2928	–0.2930	0.1562	–0.1560
纺织业	0.0731	–0.0062	0.0792	–0.0886	0.3306	–0.1689
服装业	–0.0537	–0.0033	–0.0504	–0.2180	0.2828	–0.1184
皮羽制品业	–0.0774	0.0095	–0.0869	–0.2420	0.1537	0.0108
木材加工业	0.0194	0.0315	–0.0120	–0.2258	0.2778	–0.0327
家具制造业	0.2135	–0.0080	0.2215	–1.1198	1.9859	–0.6526
造纸及纸制品业	0.8543	0.0128	0.8415	–0.3900	1.8259	–0.5817
印刷业	1.2067	0.0023	1.2044	–1.0394	3.8455	–1.5993
文教体育用品制造业	–0.5695	–0.0153	–0.5542	–1.2210	1.7607	–1.1092
石油加工及炼焦业	3.4583	–0.0213	3.4796	–0.7306	4.2262	–0.0372

① 为了区分王兵等（2010）的测算方法与本书的测算方法，本书将使用王兵等（2010）方法的测算结果按照其文章中的命名方式称为 SBM – Luenberger 生产率指标，将使用本书方法的测算结果命名为 SBI – Luenberger 生产率指标。实际上两者在测算静态生产效率时使用的均是 SBI 方法，在本书第一章中的文献综述部分对这一问题进行了详细的阐述。

续表

行　　业	IEL	Effch	Tech	IEL_x	IEL_y	IEL_b
化学原料及化学制品制造业	0.5903	-0.0042	0.5944	-0.1661	0.7626	-0.0063
医药制造业	0.2792	0.0166	0.2626	-0.6874	1.4345	-0.4680
化学纤维制造业	0.0148	-0.0021	0.0169	-0.5311	0.7891	-0.2432
橡胶制品业	0.9470	0.0060	0.9411	-0.8235	2.7571	-0.9867
塑料制品业	0.1230	-0.0074	0.1304	-0.2706	0.6938	-0.3003
非金属矿物制品业	0.8089	0.0068	0.8021	-0.1451	1.0529	-0.0989
黑色金属冶炼及压延加工业	0.6467	0.0049	0.6418	-0.2304	1.0131	-0.1360
有色金属冶炼及压延加工业	0.7898	-0.0020	0.7918	-0.4776	1.5696	-0.3022
金属制品业	0.2270	-0.0004	0.2274	-0.3210	0.9679	-0.4199
通用设备制造业	0.1865	0.0132	0.1733	-0.1826	0.5305	-0.1614
专用设备制造业	0.6677	0.0129	0.6548	-0.4767	1.4829	-0.3386
交通运输设备制造业	0.0781	-0.0089	0.0871	-0.2406	0.4072	-0.0884
电气机械及器材制造业	-0.0464	-0.0012	-0.0453	-0.0922	0.0631	-0.0173
通信及其他电子设备制造业	-0.0589	0.0000	-0.0589	-0.0661	0.0119	-0.0047
仪器仪表制造业	-0.1874	-0.0021	-0.1853	-0.4574	0.3879	-0.1179

注：

（1）表中数据为各生产率的年平均值；

（2）IEL 表示 Luenberger 生产率指标，Effch 表示效率变化，Tech 表示技术进步，IEL_x、IEL_y、IEL_b分别表示投入节约率、期望产出生产率、非期望产出削减率；

（3）各类指标之间的关系为：$IEL = Effch + Tech = IEL_x + IEL_y + IEL_b$。

资料来源：作者计算整理。

表 4-6 根据 1995—2014 年环境全要素生产率、效率变化、技术进步的年均值将制造业分为大于零和小于零两类。在 27 个行业中，仅 7 个行业的环境全要素生产率年均值为正，其他行业的环境全要素生产率年均值为正，说明大部分行业的环境全要素生产率出现增长。在 27 个行业中，有一半的行业（13 个）出现效率下降，小部分行业（8 个）出现技术退步，大部分行业出现技术进步，其中技术进步是环境全要素生产率的主要构成部分。

比较表 4-6 中环境全要素生产率、效率变化、技术进步年平均值小于零的行业，可以发现部分行业的技术进步可以弥补效率下降带来的损失，最终使行业年均环境全要素生产率为正，推动行业环境全要素生产率提升。例如：石油加工及炼焦业、交通运输设备制造业、家具制造业、塑料制品业、纺织业等。亦有行业是因为效率提高弥补技术退步造成的损失，最终使行业年均环境全要素生产率为正，推动行业环境全要素生产率提升，但此类行业仅有木材加工业。

表 4－6　　　　制造业行业环境全要素生产率情况分类

	≥0	<0
环境全要素生产率（IEL）	化学纤维制造业 木材加工业 纺织业 交通运输设备制造业 塑料制品业 通用设备制造业 家具制造业 金属制品业 医药制造业 化学原料及化学制品制造业 黑色金属冶炼及压延加工业 专用设备制造业 食品制造与加工业 有色金属冶炼及压延加工业 非金属矿物制品业 饮料制造业 造纸及纸制品业 橡胶制品业 印刷业 石油加工及炼焦业	文教体育用品制造业 烟草加工业 仪器仪表制造业 皮羽制品业 通信及其他电子设备制造业 服装业 电气机械及器材制造业
效率变化（Effch）	烟草加工业 通信及其他电子设备制造业 印刷业 黑色金属冶炼及压延加工业 橡胶制品业 非金属矿物制品业 饮料制造业 皮羽制品业 食品制造与加工业 造纸及纸制品业 专用设备制造业 通用设备制造业 医药制造业 木材加工业	石油加工及炼焦业 文教体育用品制造业 交通运输设备制造业 家具制造业 塑料制品业 纺织业 化学原料及化学制品制造业 服装业 仪器仪表制造业 化学纤维制造业 有色金属冶炼及压延加工业 电气机械及器材制造业 金属制品业

续表

技术进步 （Tech）	化学纤维制造业 纺织业 交通运输设备制造业 塑料制品业 通用设备制造业 家具制造业 金属制品业 医药制造业 化学原料及化学制品制造业 黑色金属冶炼及压延加工业 专用设备制造业 食品制造与加工业 有色金属冶炼及压延加工业 非金属矿物制品业 饮料制造业 造纸及纸制品业 橡胶制品业 印刷业 石油加工及炼焦业	文教体育用品制造业 烟草加工业 仪器仪表制造业 皮羽制品业 通信及其他电子设备制造业 服装业 电气机械及器材制造业 木材加工业

资料来源：作者计算整理。

在所有制造业行业中，期望产出生产率均为增长，投入节约率和非期望产出削减率均下降。可以明显地看出，期望产出生产率是环境全要素生产率的主要构成部分。

表4－7是环境全要素生产率年平均值最低的行业（文教体育用品制造业）、中位数行业（家具制造业）、最高的行业（石油加工及炼焦业）环境全要素生产率及分解指数年度详情。从表4－7可以看出，三类行业中效率变化指数多数为零或为负值，尤其是石油加工及炼焦业，多数年份存在明显的效率损失。相较于效率变化，技术进步是对环境全要素生产率的影响程度更大。例如石油加工及炼焦业，技术进步甚至弥补了效率下降导致的损失，推动该行业环境全要素生产率的提高，成为环境全要素生产率年平均值最高的行业。

表 4-7　　环境全要素生产率及分解指数

文教体育用品制造业			
年份	IEL	Effch	Tech
1995	-0.2211	0.0000	-0.2211
1996	-0.3359	0.0000	-0.3359
1997	-0.3079	0.0000	-0.3079
1998	0.2525	0.0000	0.2525
1999	-0.3106	0.0000	-0.3106
2000	-0.0181	0.0000	-0.0181
2001	-0.4966	0.0000	-0.4966
2002	-0.3176	0.0000	-0.3176
2003	-0.3717	0.0000	-0.3717
2004	-0.2920	0.0000	-0.2920
2005	-0.3726	0.0000	-0.3726
2006	-0.4578	0.0000	-0.4578
2007	-0.2296	0.0000	-0.2296
2008	0.2139	0.0000	0.2139
2009	-8.8123	-0.0874	-8.7250
2010	-0.7711	-0.0039	-0.7672
2011	1.8896	-0.0430	1.9326
2012	-1.2241	-0.1349	-1.0893
2013	0.1204	-0.0077	0.1281
2014	0.6720	-0.0291	0.7012
家具制造业			
年份	IEL	Effch	Tech
1995	-0.1021	-0.0023	-0.0998
1996	-0.1572	0.0023	-0.1595
1997	0.1741	0.0000	0.1741
1998	0.3316	0.0000	0.3316
1999	-0.4066	0.0000	-0.4066
2000	-0.0211	0.0000	-0.0211
2001	-0.2851	0.0000	-0.2851

续表

家具制造业			
年份	IEL	Effch	Tech
2002	-0.2133	0.0000	-0.2133
2003	-0.4546	-0.0093	-0.4453
2004	-0.8240	-0.0343	-0.7897
2005	-0.3906	0.0062	-0.3968
2006	-0.3179	-0.0056	-0.3122
2007	-0.2364	-0.0429	-0.1934
2008	-1.1726	-0.0809	-1.0917
2009	1.5654	-0.0354	1.6009
2010	2.3003	0.0753	2.2250
2011	0.5569	-0.1326	0.6895
2012	-1.3349	0.0021	-1.3370
2013	2.6590	0.0902	2.5688
2014	2.5999	0.0077	2.5922
石油加工及炼焦业			
年份	IEL	Effch	Tech
年份	IEL	Effch	Tech
1995	0.0903	-0.1666	0.2569
1996	0.2301	-0.0555	0.2856
1997	0.5150	-0.0427	0.5577
1998	1.1851	0.1117	1.0733
1999	0.3556	-0.0853	0.4409
2000	1.0417	0.0949	0.9468
2001	0.4388	-0.0307	0.4696
2002	1.1083	-0.0462	1.1545
2003	1.8263	-0.0750	1.9014
2004	3.4007	0.0096	3.3911
2005	4.2780	0.0826	4.1954
2006	3.9390	-0.0328	3.9718
2007	4.8885	0.4795	4.4091
2008	4.8172	-0.4609	5.2781
2009	4.5811	0.0563	4.5248

续表

石油加工及炼焦业			
年份	IEL	Effch	Tech
2010	7.3697	-0.3146	7.6843
2011	9.0818	0.5463	8.5355
2012	5.1034	-0.0341	5.1375
2013	6.5603	-0.4938	7.0541
2014	8.3556	0.0309	8.3248

资料来源：作者计算整理。

（二）国家层面

观察表4-8可以发现，1995—2014年中国的环境全要素生产率的波动较大，2005年以后，中国的环境全要素生产率一直处于增长趋势，但是每年的增长幅度不同，2007年以后呈现出一个有规律的锯齿形变化趋势。

1995—2014年，大部分年份（13年）为效率增长；仅1999年出现技术退步，其他年份均出现技术进步。1997年以后，技术进步成为环境全要素生产率的主要构成部分（2004年除外）。

1995—2014年，期望产出生产率均为增长，投入节约率和非期望产出削减率均为下降。其中，在大部分年份期望产出生产率是环境全要素生产率的主要构成部分。

表4-8　1995—2014年中国年平均环境全要素生产率

年份	IEL	Effch	Tech	IEL_x	IEL_y	IEL_b
1995	-0.0571	-0.1214	0.0644	-0.1330	0.1279	-0.0520
1996	0.0124	-0.0080	0.0204	-0.1438	0.1864	-0.0302
1997	0.0626	0.0181	0.0446	-0.1846	0.3155	-0.0682
1998	0.1390	0.0137	0.1253	-0.1587	0.3703	-0.0726
1999	-0.0257	-0.0091	-0.0166	-0.1427	0.1258	-0.0088
2000	0.0573	0.0049	0.0524	-0.1197	0.2102	-0.0333
2001	0.0040	0.0010	0.0030	-0.1470	0.2156	-0.0646
2002	0.0686	0.0254	0.0432	-0.1869	0.3358	-0.0803

续表

年份	IEL	Effch	Tech	IEL_x	IEL_y	IEL_b
2003	0. 2779	0. 0270	0. 2509	-0. 2429	0. 6212	-0. 1003
2004	-0. 1643	-0. 1702	0. 0059	-0. 2265	0. 3434	-0. 2812
2005	0. 6941	0. 1762	0. 5178	-0. 4857	1. 5734	-0. 3937
2006	0. 4808	-0. 3579	0. 8386	-0. 5267	1. 7480	-0. 7405
2007	1. 0615	0. 4203	0. 6411	-0. 5921	2. 1016	-0. 4481
2008	0. 4652	0. 0060	0. 4593	-0. 2635	1. 1329	-0. 4041
2009	0. 4732	-0. 0184	0. 4916	-0. 6711	2. 0667	-0. 9225
2010	0. 9152	0. 0139	0. 9014	-0. 8095	2. 3796	-0. 6549
2011	1. 2383	0. 0157	1. 2226	-1. 0476	3. 1192	-0. 8333
2012	0. 5984	0. 0184	0. 5800	-0. 5939	1. 6540	-0. 4618
2013	0. 9736	-0. 0430	1. 0166	-0. 9707	2. 4978	-0. 5535
2014	1. 2288	0. 0266	1. 2022	-0. 9452	2. 5828	-0. 4089

注：

（1）表中数据为各生产率的年平均值；

（2）IEL 表示 Luenberger 生产率指标，Effch 表示效率变化，Tech 表示技术进步，IEL_x、IEL_y、IEL_b分别表示投入节约率、期望产出生产率、非期望产出削减率；

（3）各类指标之间的关系为：$IEL = Effch + Tech = IEL_x + IEL_y + IEL_b$。

资料来源：作者计算整理。

本章小结

本章使用包含非期望产出基于松弛向量的方向性技术损失测算方法（SBI）与 Luenberger 指标相结合测算行业环境全要素生产率。但是基于 SBI - Luenberger 生产率指标，由于约束条件的限制，计算的跨期效率损失有一个严重缺陷。本书在此基础上修改了约束条件，使用改进的序列 DEA 方法测算环境全要素生产率，并将环境全要素生产率从两个维度进行分解，分解为效率变化和技术进步，投入节约率、期望产出生产率和非期望产出削减率。

首先，基于 SBI 方法测算中国静态环境生产效率损失，并进一步将总效率损失分解为投入效率损失、期望产出效率损失和非期望产出效率损失。测算结果显示，在行业层面，各行业的环境生产效率损失均值各不相同，且差异较大。大部分行业的总环境生产效率损失主要来源于非期望产出效率损失。在国家层面，1995—2014 年中国年平均环境生产效率损失呈现出缓慢下降的趋势。与行业年平均环境生产效率损失不同的是，中国年平均总环境生产效率损失的主要来源随着时间不断变化。2004 年以前，总环境生产效率损失的主要来源是期望产出效率损失，且该比重在逐年增加。2004 年以后，期望产出效率损失所占比重出现大幅下降，总环境生产效率损失的主要来源变成非期望产出效率损失和投入效率损失，其中非期望产出效率损失所占比重较大，但是这一比重在逐年减少，相应的投入效率损失所占比重在逐年增加。

然后，使用 SBI - Luenberger 指标测算中国动态环境全要素生产率，并进一步从两个维度对其进行分解。测算结果显示，在行业层面，各行业动态环境全要素生产率年均值与静态环境生产效率损失年均值并不一致，说明相较于静态指标而言，动态指标可以更准确地衡量生产率的变化趋势。在 27 个行业中，仅 7 个行业的环境全要素生产率年均值为负，其他行业的环境全要素生产率年均值为正，说明大部分行业的环境全要素生产率出现增长。在 27 个行业中，有一半的行业（13 个）出现效率下降，小部分行业（8 个）出现技术退步，大部分行业出现技术进步，其中技术进步是环境全要素生产率的主要构成部分。在所有制造业行业中，期望产出生产率均为增长，投入节约率和非期望产出削减率均下降。可以明显地看出，期望产出生产率是环境全要素生产率的主要构成部分。在国家层面，1995—2014 年中国的环境全要素生产率的波动较大，但 2005 年以后中国的环境全要素生产率一直处于增长趋势。1995—2014 年间，大部分年份（13 年）为效率增长；仅 1999 年出现技术退步，其他年份均出现技术进步。1997 年以后，技术进步成为环境全要素生产率的主要构成部分（2004 年除外）。1995—2014 年，期望产出生产率均为增长，投入节约率和非期望产出削减率均为下降。其中，在大部分年份期望产出生产率是环境全要素生产率的主要构成部分。

第五章　环境规制影响中国环境全要素生产率的计量分析

第一节　影响机制

关于环境规制对（环境）全要素生产率的影响，有两种不同的观点①。

传统的观点认为，在完全竞争市场上，理性的企业会追求自身利润最大化，在稳定状态下该企业会做出一个最优的生产决策。当存在外部环境规制时，势必会使企业调整其生产投入，将部分用于生产的资源用于减少污染的排放，比如购置污染减排装置或缴纳污染处理费用等，这部分成本是企业遵循环境规制政策而产生的“遵从成本”，该成本的产生将使企业偏离其最优生产决策，造成生产率的下降。虽然环境规制使污染排放降低，提高了整个社会的福利水平，但是却将外部环境问题内部化，使企业承担了相应的成本，造成企业生产率的降低，是一种挤出效应。

Porter（1991），Porter and van der Linde（1995）提出了“波特假说”，认为环境规制可以激励企业创新，提高环境绩效，甚至在某些情况下，合适的环境规制可以产生“创新补偿效应”，抵消企业的遵从成本，提高企业生产率。

Porter（1991），Porter and van der Linde（1995）认为现实并不是静态的，企业也并不是总能做出最优决策，现实是一个存在市场失灵的动态过程。污染是资源无效率生产的结果，且市场存在信息不对称，环境规制可以使企业改进生产技术、收集信息、减少投资的不确定性、克服组织惰性，激励企业进行技

① 环境规制对全要素生产率和环境全要素生产率的影响机制基本类似，因此在影响机制分析中如没有特别说明，均用生产率来代指全要素生产率和环境全要素生产率。

术创新。企业创新产生的“创新补偿”主要表现为过程补偿（process offsets）和产品补偿（product offsets），这两种补偿是相互关联的。过程补偿的出现是因为环境规制使企业改进生产技术、更有效率地使用生产资源、提高企业的资源生产率，降低生产过程中的能源消费，节约资源。产品补偿的出现是因为环境规制使企业选择更清洁、不稀缺的资源作为生产投入，生产更环保的产品，降低产品的生产成本。这两种补偿效应在某些情况下可以弥补企业的遵从成本，提高企业绩效和生产率，是一种倒逼效应。

以上两种关于环境规制影响生产率的观点，前一种观点认为环境规制会降低企业生产率，后一种观点认为合适的环境规制会提高企业生产率。在实证分析中，何种观点占主导地位是不确定的，因此环境规制对生产率的影响是未知的。

第二节　模型构建及指标选择

一、模型构建

Johnson et al.（2017）构建回归模型讨论环境政策设计对包含非期望产出的生产效率的影响。本章参考 Johnson et al.（2017）模型，讨论环境规制对环境全要素生产率及其分解项的影响，构建如下模型：

$$IEL_{m,it} = \beta_0 + \beta_1 ER_{it} + \beta_2 Z_{it} + \mu_t + \varepsilon_{it} \tag{5-1}$$

其中，被解释变量 $IEL_{m,it}$ 为环境全要素生产率及其分解项：当 $m=0$ 时，IEL 表示环境全要素生产率；当 $m=x$ 时，IEL_x 表示投入节约率；当 $m=y$ 时，IEL_y 表示期望产出生产率；当 $m=b$ 时，IEL_b 表示非期望产出削减率。此外还将环境全要素生产率分解为效率变化和技术进步，分别用 *Effch* 和 *Tech* 表示。ER_{it} 为 t 时期 i 行业环境规制强度，Z_{it} 为 t 时期 i 行业的其他控制变量。与 Johnson et al.（2017）模型相同，由于样本量较小①，式（5－1）仅考虑了时间效

① Johnson et al.（2017）指出，如果同时考虑个体效应和时间效应，样本损失的自由度将不会使数据收敛。与第六章不同，本章由于数据可获得性约束，选取了 2001—2014 年中国 27 个制造业行业数据，共 378 个样本（第六章是 1995—2014 年 27 个制造业行业数据，共 540 个样本）。在后文的回归分析中，进行了个体效应检验，检验结果显示确实不存在个体效应。

应，μ_t 为时间效应，ε_{it}为误差扰项。

在影响机制分析中，环境规制对环境全要素生产率的影响存在两种相互对立的效应：遵从成本和创新补偿效应。在这两种效应的共同作用下，环境规制对环境全要素生产率的影响可能并不单纯地表现为线性关系。我们考虑到环境规制可能对环境全要素生产率及其分解项的影响存在非线性关系，在式（5－1）的基础上加入环境规制的二次项和三次项，加入的原则是不影响一次性项的显著性水平，否则不予考虑。

环境规制影响环境全要素生产率分析框架见图5－1。

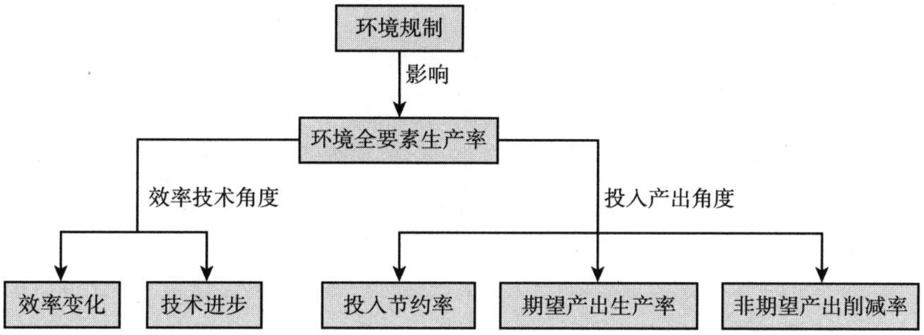

图5－1　环境规制影响环境全要素生产率分析框架

资料来源：作者整理。

二、指标选择

（一）被解释变量

本章主要考察环境规制对环境全要素生产率的影响，又进一步从效率技术和投入产出角度对环境全要素生产率进行分解，研究环境规制对效率技术和投入产出生产率的影响。因此，本章的被解释变量有六种，分别为环境全要素生产率、效率变化、技术进步、投入节约率、期望产出生产率和非期望产出削减率。通过第四章计算获得改进的基于序列DEA计算的SBI－Luenberger生产率指标，该指标是环比变动指标，我们将1995年的指标作为基期计算累加增长指标。

（二）解释变量

本章的主要解释变量为环境规制，现有文献中衡量环境规制的指标较多，主要有五类：一是以政府颁布的环境政策或制度法规来衡量环境规制强度，该指标适用于省级或国家层面的数据；二是以经济发展水平、人均收入等指标作为环境规制的代理变量，用该指标衡量环境规制过于粗糙；三是以污染排放量作为环境规制的代理变量，一般认为单位污染排放量越低，环境规制强度越大，该指标易于收集且适用范围广，使用该指标的文献较多，但是使用该指标的默认假设是高污染行业（单位污染排放量高）的环境规制强度较弱，这似乎与现实不符；四是以三废的污染达标率作为环境规制的代理变量，例如废水达标率、二氧化硫去除率、烟尘去除率、粉尘去除率和固体废物综合利用率，本书认为该指标是目前衡量行业环境规制的最优指标①，但是2011年及以后的《中国环境统计年鉴》不再汇总该指标；五是以污染治理费用或投资支出作为环境规制的代理变量。

综合考虑数据的约束性和适用性后，本章选择废水和废气本年运行费用占行业工业总产值的比重来衡量环境规制强度，单位运行费用越高，表示环境规制强度越大。

（三）控制变量

本章的控制变量分别为资本密集度、工资、研发投入、外资渗透率和能源消费量。

1. 资本密集度和能源消费量

资本、劳动力和能源作为行业生产过程中的主要投入要素，必然会对环境全要素生产率产生影响。用资本密集度衡量行业的资本和劳动力的投入比重，通过计算行业固定资产净值与该行业全部从业人员比值获得该数据②；能源消费量用行业能源消费总量与行业工业总产值的比值来衡量，剔除由于行业规模因素所造成的偏误。

2. 工资

本书认为工资包含两方面信息，一是人力资本，二是除人力资本外其他影响劳动力成本的因素，例如经济发展水平或劳动力稀缺程度等因素。一方

---

① 因为数据的约束性，衡量省级层面的环境规制指标较多，衡量行业层面的环境规制指标较少。

② 如果在模型中单独加入固定资本、劳动力和能源消费量会出现严重的多重共线性问题，因此用资本密集度衡量行业的资本和劳动力比重，避免共线性问题。

面工资可以衡量人力资本，施炳展等（2013）将平均工资作为人力资本的代理变量。根据 Kremer（1993）和 Verhoogen（2008）的分析，工资可以直接反映人力资本水平，因为工人存在技术差异，企业要雇佣高技能的工人必须支付高水平的工资（施炳展等，2013）。一般认为劳动力的人力资本越高，劳动力的技术、生产和创新能力越强，人力资本的提高可以促进环境全要素生产率的提高。另一方面工资可以衡量除人力资本外其他影响劳动力成本的因素，其他劳动力成本的提高会挤占生产资金，可能会降低环境全要素生产率。因此工资对环境全要素生产率的影响表现为两种相反的影响，其对环境全要素生产率的综合影响未知。用各行业职工平均工资占制造业平均工资的比重来衡量。

3. 研发投入

研发投入的增加会带来技术进步，因此会促进环境全要素生产率的提高。本章用工业企业技术开发经费支出作为研发投入的代理变量。该指标 1995—2014 年在名称上发生了改变，但是其内涵并没有改变。1995 年为工业企业技术开发经费支出，1996—2000 年为工业企业技术开发经费内部支出，2001—2009 年为工业企业科技活动经费内部支出，2010—2013 年为工业企业 R&D 经费内部支出，2014 年为工业企业研究与试验 R&D 经费。使用研发投入经费占行业工业总产值的比重来衡量研发投入。

4. 外资渗透率

外资的引入会带来大量的资金和先进的技术，因此外资的增加可能会提高环境全要素生产率。由于难以获得行业 FDI 数据，本章使用行业外商投资和港澳台商投资的工业企业总产值占该行业工业总产值的比值来衡量外资渗透率，2012 年以后的数据为主营业务收入的比值。

环境全要素生产率数据来源于《中国统计年鉴》《中国经济普查年鉴》《中国工业统计年鉴》《中国能源统计年鉴》和《中国城市（镇）生活与价格年鉴》；工业总产值、资本密集度、工资、研发投入、外资渗透率数据来源于《中国统计年鉴》《中国工业统计年鉴》《中国劳动统计年鉴》《中国经济普查年鉴》《中国城市（镇）生活与价格年鉴》和《中国能源统计年鉴》；能源消费量来源于《中国能源统计年鉴》；环境规制变量来源于《中国环境年鉴》和《中国环境统计年鉴》；《中国环境年鉴》在 2001 年以前将制造业分为 17 个行业，因此本章选取了 2001—2014 年 27 个制造业行业变量，共计 378 个样本。

表 5-1　　　　变量定义及数据统计性特征

变量	含义	样本量	均值	方差	最小值	最大值
IEL	环境全要素生产率	378	0.594	1.446	-8.812	9.082
Effch	效率变化	378	0.010	0.805	-9.905	10.030
Tech	技术进步	378	0.584	1.403	-8.725	8.535
IEL_x	投入节约率	378	-0.551	0.920	-8.350	2.605
IEL_y	期望产出生产率	378	1.598	2.507	-7.215	16.913
IEL_b	非期望产出削减率	378	-0.453	1.090	-8.544	4.316
ER	环境规制	378	1.624	1.968	0.042	9.361
lnkl	资本密集度	378	10.646	0.806	8.872	12.808
lnec	能源消费量	378	3.428	1.339	0.501	6.715
lnw	工资	378	4.580	0.274	4.109	5.593
lnrd	研发投入	378	-0.110	0.741	-2.111	1.268
lnfdi	外资渗透率	378	3.258	0.764	0.000	4.444

资料来源：作者计算整理。

第三节　基准回归结果

表 5-2 的 VIF 值均低于 10，故解释变量与控制变量之间不存在多重共线性问题。

表 5-2　　　　多重共线性检验结果

变量	ER	lnkl	lnec	lnw	lnrd	lnfdi
VIF	2.30	2.73	2.30	2.59	1.33	2.33

资料来源：作者计算整理。

表 5-3 是不同被解释变量的回归结果。其中组 4 和组 6 中加入了环境规制的二次项和三次项，其他组别中仅加入环境规制二次项。计算组 1 至组 6 中

环境规制的拐点，根据6组不同拐点将环境规制划分为8个区间①，统计每个区间的样本数和行业数②，表5－4为统计结果。

表5－3　　含环境规制多次项的回归结果

组别	组1	组2	组3	组4	组5	组6
被解释变量	IEL	Effch	Tech	IEL_x	IEL_y	IEL_b
ER	－0.287*** (－4.385)	－0.007* (－1.789)	－0.280*** (－4.311)	0.189*** (3.217)	－0.497*** (－4.563)	0.267*** (3.251)
ER^2	0.020*** (3.345)	0.001** (1.996)	0.019*** (3.184)	－0.040** (－2.395)	0.044*** (4.078)	－0.072*** (－3.273)
ER^3				0.002* (1.933)		0.005*** (3.068)
lnkl	0.468*** (5.132)	－0.004 (－0.313)	0.471*** (5.202)	－0.198*** (－5.976)	0.735*** (6.050)	－0.129*** (－2.614)
lnec	0.499*** (7.687)	－0.003 (－0.785)	0.502*** (7.740)	0.002 (0.067)	0.494*** (6.033)	0.018 (0.679)
lnw	0.337* (1.877)	－0.006 (－0.215)	0.343* (1.927)	0.183** (2.482)	－0.224 (－0.869)	0.502*** (4.272)
lnrd	－0.227*** (－2.949)	0.004 (0.961)	－0.232*** (－3.008)	0.132*** (4.295)	－0.297*** (－3.092)	－0.040 (－1.268)
lnfdi	0.460*** (5.551)	－0.007** (－2.364)	0.467*** (5.635)	－0.078*** (－3.180)	0.489*** (4.905)	0.038 (1.373)
常数项	－9.478*** (－5.900)	0.093* (1.750)	－9.570*** (－5.949)	1.211*** (2.950)	－9.419*** (－5.250)	－1.319*** (－2.815)
R^2	0.584	0.060	0.591	0.412	0.485	0.248
N	378	378	378	378	378	378
形状	U	U	U	N	U	N
拐点	7.175	3.500	7.368	3.069 10.265	5.648	2.511 7.089

注：估计系数下方括号内的数字为系数估计值的t统计量，其中*、**和***分别表示10%、5%和1%的显著性水平。

资料来源：作者计算整理。

① 组4中的第2个拐点10.265已经超过样本环境规制的最大值9.361，因此只划分了8个区间。

② 行业数为行业年平均环境规制在相应区间的个数。

表 5－4　　环境规制区间样本数

ER 区间	样本数	累计样本数	行业数	累计行业数
ER＜2.511	289	289	19	19
2.511≤ER＜3.069	22	311	2	21
3.069≤ER＜3.500	10	321	2	23
3.500≤ER＜5.648	33	354	2	25
5.648≤ER＜7.089	15	369	2	27
7.089≤ER＜7.175	0	369	0	27
7.175≤ER＜7.368	0	369	0	27
7.368≤ER＜10.265	9	378	0	27

资料来源：作者计算整理。

环境规制对环境全要素生产率、效率变化、技术进步和期望产出生产率的影响符合 U 形曲线关系，适当的环境规制强度才会促进以上 4 种生产率的增长，这也印证了“强波特假说”。但是以上 4 种模型中，环境规制的拐点不同，其中影响效率变化的拐点值较小，其次为影响期望产出生产率的拐点值，影响环境全要素生产率和技术进步的拐点值都比较大。在环境全要素生产率、效率变化、技术进步和期望产出生产率模型中（组 1、组 2、组 3、组 5），位于拐点左端的样本数分别为 369、321、369、354，位于拐点左端的行业数分别为 27、23、27、25，即 84.92% 以上样本和 85% 以上行业的环境规制会抑制环境全要素生产率、效率变化、技术进步和期望产出生产率的增长。

组 4 和组 6 中，环境规制对投入节约率和非期望产出削减率的影响符合 N 形曲线关系。不同于 U 形曲线关系，环境规制的实施会明显促进投入节约率和非期望产出削减率的增长，并且较强的环境规制强度也会促进二者的增长，但是介于较弱或者较强之间的环境规制强度反而会抑制二者的增长。在投入节约率和非期望产出削减率模型中，位于单调递增区间的样本数分别为 311、298，位于单调递增区间的行业数分别为 21、19，即 78.84% 以上样本和 70% 以上行业的环境规制会促进投入节约率和非期望产出削减率的增长。回归结果与“强波特假说”的影响机制相一致，环境规制可以显著地提高生产的投入效率，减少生产的非期望产出效率，进一步对企业生产率产生影响。

Johnson et al.（2017）认为环境规制对市场产品（期望产出）和非市场产品（非期望产品）的影响存在互补效应，即环境规制在降低市场产品效率的同时会提高非市场产品效率。本章的研究也验证了这一假说，对大部分行业而言，环境规制会抑制期望产出生产率的增长，促进非期望产出削减率的增长。

目前中国制造业行业的环境规制现状是，环境规制强度较低，还有上升的空间；现阶段的环境规制会促进投入节约率和非期望产出削减率的增长，但是会抑制环境全要素生产率及其他分解项的增长。要突破这一状态必须增加中国制造业行业环境规制强度，达到技术进步的拐点（7.368，U 形曲线中的最大拐点）。但是在环境规制增强的过程中必然会经历一个磨合期，因为当环境规制强度高于投入节约率的第 1 个拐点（3.069），但是还没达到技术进步的拐点时，在这一阶段中环境规制可能会抑制环境全要素生产率及其他分解项的增长。当环境规制突破技术进步的拐点后，环境规制仍然会抑制投入节约率的增长，只有当环境规制强度继续增加，突破投入节约率的第 2 个拐点才会促进环境全要素生产率及其他分解项的增长。

控制变量的影响。资本密集度的增加能促进环境全要素生产率、技术进步和期望产出生产率的增长，会抑制其他分解项的增长，其中对效率变化的影响不显著。可能是因为对环境全要素生产率、技术进步和期望产出生产率而言，资本比劳动力更重要；但是对效率变化、投入节约率和非期望产出削减率而言，劳动力更重要。与资本密集度不同的是，能源消费量能促进除效率变化之外其他生产率的增长，但是对效率变化、投入节约率和非期望产出削减率的影响并不显著。

工资的增长对环境全要素生产率、技术进步、投入节约率和非期望产出削减率而言，主要表现为人力资本的增长，因此会促进以上生产率的增长，但是会抑制效率变化和期望产出生产率，对后两者的影响并不显著。

不同于我们的预期，研发投入的增加会抑制环境全要素生产率的增长，但是会显著地促进投入节约率的增长。可能的原因是一方面研发投入的成果转化率较低，其投入产出比较低，因此研发投入的增加并没有有效地促进环境全要素生产率的增长；另一方面是在考虑环境规制后，研发投入可能主要用于投入效率方面的研究，以增加投入要素的利用率。

外资渗透率的影响基本与预期一致，外资渗透率的增加能有效地促进环境全要素生产率和期望产出增长率的增长，促进技术进步。但是，其对效率变化和投入节约率的影响为负，可能的原因是外资的引入主要用于研发和期望产出产品的生产。

第四节　异质性回归结果

本书分别对各行业工业废水排放量、工业废气排放量、工业固体废物产生量进行标准化处理，具体处理方法参考傅京燕、李丽莎（2010），将标准化的数据进行加总，作为衡量污染强度的指标。根据该指标将27个制造业行业分为高污染行业和低污染行业，其中高污染行业包含13种行业，低污染行业包含14种行业[①]，具体行业划分情况见表5-5。

表5-5　高低污染行业划分

高污染行业（13）	木材加工及竹藤棕草制品业，皮革毛皮羽绒及其制品业，医药制造业，食品制造与加工业，石油加工及炼焦业，纺织业，饮料制造业，化学纤维制造业，化学原料及制品制造业，有色金属冶炼及压延加工业，非金属矿物制品业，黑色金属冶炼及压延加工业，造纸及纸制品业
低污染行业（14）	电气机械及器材制造业，印刷业记录媒介的复制，塑料制品业，家具制造业，文教体育用品制造业，普通机械制造业，电子及通信设备制造业，服装及其他纤维制品制造，烟草加工业，交通运输设备制造业，专用设备制造业，仪器仪表文化办公用机械，金属制品业，橡胶制品业

资料来源：作者计算整理。

表5-6是13个高污染行业和14个低污染行业的样本数据统计性特征。可以看出，高污染行业的环境全要素生产率的值高于低污染行业，并且高污染行业的环境规制强度也明显大于低污染行业。

① 高污染行业中的食品制造与加工业由两个行业合并，因此在行业划分中包含食品制造与加工业的组别比另一组少一个行业。

表 5-6　　　　数据统计性特征

	高污染行业					低污染行业				
变量	样本量	均值	方差	最小值	最大值	样本量	均值	方差	最小值	最大值
IEL	182	0.941	1.624	-3.265	9.082	196	0.272	1.175	-8.812	6.339
Effch	182	0.018	1.160	-9.905	10.030	196	0.002	0.054	-0.203	0.234
Tech	182	0.922	1.556	-2.568	8.535	196	0.270	1.163	-8.725	6.282
IEL_x	182	-0.455	0.490	-2.628	1.459	196	-0.639	1.182	-8.350	2.605
IEL_y	182	1.687	1.943	-3.378	10.677	196	1.515	2.939	-7.215	16.913
IEL_b	182	-0.291	0.672	-5.280	4.316	196	-0.604	1.353	-8.544	3.511
ER	182	2.972	2.095	0.221	9.361	196	0.373	0.377	0.042	2.531
lnkl	182	10.952	0.818	8.872	12.808	196	10.361	0.683	9.027	12.314
lnec	182	4.319	1.218	2.122	6.715	196	2.601	0.812	0.501	4.312
lnw	182	4.519	0.245	4.109	5.104	196	4.636	0.287	4.286	5.593
lnrd	182	-0.241	0.733	-2.111	1.132	196	0.012	0.730	-1.824	1.268
lnfdi	182	3.121	0.435	2.141	4.016	196	3.386	0.959	0.000	4.444

资料来源：作者计算整理。

表 5-7 的 VIF 值均小于 10，故高污染行业和低污染行业的回归不存在多重共线性问题。

表 5-7　　　　多重共线性检验结果

行业		ER	lnkl	lnec	lnw	lnrd	lnfdi
高污染行业	VIF	2.05	2.86	3.08	2.81	1.28	2.03
低污染行业	VIF	1.18	3.23	1.97	5.79	2.15	6.03

资料来源：作者计算整理。

一、高污染行业回归结果

表 5-8 是高污染行业回归结果。组 10 和组 11 中环境规制对投入节约率和期望产出生产率的影响为负，但是均不显著。在组 8 中环境规制的二次项和三次项对效率变化的影响十分显著，但是并不存在拐点[①]，环境规制对效率变化的影响为负。环境规制对环境全要素生产率、技术进步和非期望产出削减率

① 存在两个极值点。

的影响符合 U 形曲线关系，本书根据各模型的拐点将环境规制分为 4 个区间，各区间的样本数见表 5-9。与总体样本类似，大部分样本（93.41%）位于拐点的左端，环境规制的增加会抑制环境全要素生产率及相应分解项的增长。对高污染行业而言，加强环境规制也是必要的。

表 5-8　　　　高污染行业回归结果

组别	组 7	组 8	组 9	组 10	组 11	组 12
被解释变量	IEL	Effch	Tech	IEL_x	IEL_y	IEL_b
ER	-0.235** (-2.241)	-0.034* (-1.930)	-0.230** (-2.234)	-0.001 (-0.125)	-0.024 (-0.586)	-0.170*** (-3.289)
ER^2	0.017* (1.814)	0.009** (2.494)	0.016* (1.690)			0.013*** (2.628)
ER^3		-0.001** (-2.018)				
lnkl	0.589*** (3.838)	-0.002 (-0.143)	0.597*** (3.906)	-0.236*** (-6.001)	0.852*** (4.272)	-0.028 (-0.653)
lnec	0.520*** (4.530)	-0.022*** (-3.099)	0.543*** (4.731)	0.113*** (3.829)	0.207 (1.630)	0.183*** (4.985)
lnw	-0.029 (-0.109)	0.044 (1.205)	-0.078 (-0.300)	-0.272*** (-2.614)	0.467 (1.223)	-0.230** (-2.440)
lnrd	-0.496*** (-3.853)	-0.000 (-0.072)	-0.495*** (-3.846)	0.101*** (2.777)	-0.556*** (-3.450)	-0.054* (-1.679)
lnfdi	0.671*** (3.751)	-0.027* (-1.710)	0.706*** (3.942)	-0.080* (-1.673)	0.697*** (2.998)	0.042 (0.835)
常数项	-10.028*** (-5.866)	0.094 (1.019)	-10.093*** (-5.911)	3.363*** (7.411)	-14.008*** (-6.647)	0.709* (1.842)
R^2	0.655	0.131	0.660	0.637	0.630	0.508
N	182	182	182	182	182	182
形状	U	单减	U	单减	单减	U
拐点	6.912		7.188			6.538

注：估计系数下方括号内的数字为系数估计值的 t 统计量，其中 *、** 和 *** 分别表示 10%、5% 和 1% 的显著性水平。

资料来源：作者计算整理。

表 5－9　　高污染行业环境规制区间样本数

ER 区间	样本数	累计样本数
ER＜6.538	170	170
6.538≤ER＜6.912	3	173
6.912≤ER＜7.188	0	173
7.188≤ER	9	182

资料来源：作者计算整理。

控制变量对高污染行业的影响与总体样本的结果类似，资本密集度、能源消费量和外资渗透率的增加能促进环境全要素生产率的增长。研发投入的增加主要促进投入节约率的增长，对环境全要素生产率和其他分解项的影响主要为负。不同的是，工资的增长会抑制环境全要素生产率的增长和技术进步，促进效率变化和期望产出增长率的增长，但是并不显著；会显著地抑制投入节约率和非期望产出生产率的增长。可能是因为工资的增长对高污染主要表现为生产成本的提高。

二、低污染行业回归结果

表 5－10 是低污染行业的回归结果。组 13 和组 15 中，环境规制对环境全要素生产率和技术进步的影响为负，但是均不显著。在其他组别中，环境规制的系数均十分显著。环境规制对效率变化、投入节约率、期望产出生产率和非期望产出生产的影响分别符合倒 U 形、N 形、倒 N 形和 N 形曲线关系。整体而言低污染行业的环境规制强度要低于高污染行业，因此低污染行业的环境规制拐点明显低于高污染行业。

表 5－10　　低污染行业回归结果

组别	组 13	组 14	组 15	组 16	组 17	组 18
被解释变量	IEL	Effch	Tech	IEL_x	IEL_y	IEL_b
ER	－0.034 (－0.567)	0.009** (2.034)	－0.035 (－0.584)	1.104*** (2.894)	－2.583** (－2.293)	1.091** (2.130)
ER^2		－0.005** (－2.368)		－1.108** (－2.591)	2.676** (2.207)	－1.222** (－2.155)

续表

组别	组 13	组 14	组 15	组 16	组 17	组 18
被解释变量	IEL	Effch	Tech	IEL_x	IEL_y	IEL_b
ER^3				0.299** (2.417)	-0.724** (-2.138)	0.344** (2.090)
lnkl	0.399*** (3.748)	-0.009*** (-3.507)	0.408*** (3.869)	-0.279*** (-3.155)	1.256*** (4.257)	-0.558*** (-3.987)
lnec	0.259*** (4.009)	0.003 (1.297)	0.256*** (4.021)	0.068 (0.978)	0.211 (1.226)	-0.012 (-0.133)
lnw	-0.525 (-1.581)	0.007 (0.671)	-0.533 (-1.627)	1.017*** (3.320)	-3.198*** (-3.480)	1.680*** (3.583)
lnrd	0.150*** (3.096)	0.009*** (5.587)	0.141*** (2.964)	0.140*** (3.101)	-0.081 (-0.626)	0.089 (1.559)
lnfdi	0.095 (1.523)	-0.006** (-2.408)	0.101 (1.650)	0.092 (1.514)	-0.089 (-0.501)	0.104 (1.149)
常数项	-2.877** (-1.982)	0.064 (1.179)	-2.928** (-2.060)	-2.765** (-1.988)	2.249 (0.611)	-2.680 (-1.355)
R^2	0.358	0.219	0.360	0.501	0.430	0.401
N	196	196	196	196	196	196
形状	单减	倒 U	单减	N	倒 N	N
拐点		0.900		0.692 1.778	0.659 1.805	0.597 1.771

注：估计系数下方括号内的数字为系数估计值的 t 统计量，其中 *、** 和 *** 分别表示 10%、5% 和 1% 的显著性水平。

资料来源：作者计算整理。

表 5-11 是根据环境规制拐点划分的 8 个环境规制区间及相应区间的样本数。

表 5-11　　低污染行业环境规制区间样本数

ER 区间	样本数	累计样本数
ER <0.597	167	167
0.597≤ER<0.659	3	170
0.659≤ER<0.692	0	170
0.692≤ER<0.900	11	181

续表

ER 区间	样本数	累计样本数
0.900≤ER<1.771	13	194
1.771≤ER<1.778	0	194
1.778≤ER<1.805	0	194
1.805≤ER	2	196

资料来源：作者计算整理。

低污染行业的大部分样本（85.2%）位于最小拐点的左端，在这部分区间环境规制的增强能促进效率变化，投入节约率和非期望产出生产率的增长，但是会抑制期望产出生产率的增长。与总体样本数据类似，低污染行业的环境规制也存在一个磨合期（0.900≤ER<1.771），在这个区间内，环境规制强度的增加会抑制除期望产出生产率之外的其他生产率的增长。不同于总体样本的是，低污染行业存在适当的环境规制强度（1.778≤ER<1.805），在这一区间内，环境规制强度的增加会促进投入节约率、期望产出生产率和非期望产出削减率的增长，但是这一区间跨度较短。

研发投入的增长能十分显著地促进环境全要素生产率、效率变化、技术进步和投入节约率的增长，也会促进非期望产出削减率的增长，会抑制期望产出生产率的增长，但对后两者的影响不显著。其他控制变量对低污染行业的影响与对总体样本的影响情况类似。

我们横向比较环境规制对高污染行业和低污染行业的影响，可以发现：

第一，高污染行业的环境规制强度要明显地高于低污染行业，高污染行业的环境规制对环境全要素生产率的非线性影响曲线的拐点也高于低污染行业的拐点。

第二，环境规制对高污染行业环境全要素生产率的影响符合 U 形曲线关系，且十分显著；对低污染行业环境全要素生产率的影响不存在非线性关系，影响为负，但不显著。

第三，根据环境规制的拐点划分环境规制区间，高污染行业的区间数较少，且存在的非线性关系均为 U 形曲线，大部分样本位于最低拐点的左端，对高污染行业而言，提高环境规制是十分必要的。低污染行业的环境规制区间更多，且环境规制的影响更为复杂，低污染行业的环境规制存在一个磨合区间和一个最优区间。在环境规制磨合区间内，环境规制强度的增加会抑制除期望产出生产率之外的其他生产率的增长；在环境规制最优区间内，环境规制强度的增加会促进投入节约率、期望产出生产率和非期望产出削减率的增长，但是这一区间跨度较短。

以上是环境规制对高污染行业、低污染行业环境全要素生产率及其分解项影响的不同点。相同点是，大部分高污染行业和低污染行业的环境规制强度会抑制环境全要素生产率的增长；对行业内部而言高污染行业和低污染行业的环境规制强度都较低，只有提高环境规制强度才能更好地促进环境全要素生产率及其分解项的增长。

第五节　稳健性检验

在讨论环境规制影响生产率的文献中，有部分文献考虑到环境规制具有一定的滞后性，通常将滞后一期的环境规制作为解释变量。但是本书认为，环境规制的滞后性通常体现在环境政策指标上，一般环境政策颁布后通常会在之后的几年中得到体现。本章采用的是费用指标来衡量环境规制，当期的单位运行费用越高，表明当期的环境规制越强，不存在滞后性的问题。

此外本书认为关于滞后期数的选择也存在争议。假设环境规制确实存在滞后性，例如将环境政策作为环境规制的代理变量，但我们直观上无法确定环境政策滞后几期才会对生产率产生影响。有部分文献将不同滞后期数的环境规制作为解释变量，用回归结果来说明环境规制的滞后问题①，另外也有部分文献直接将环境规制滞后一期作为解释变量。但是以上方法均无法准确地衡量环境规制的滞后期数，仓促地将环境规制滞后一期或者多期作为滞后期数是没有理论依据的。

环境规制可能与环境全要素生产率之间存在内生性问题。本书用单位产值处理费用来衡量环境规制强度，可能生产率高的行业在生产过程中排放的污染物的相对量更多，相应的处理污染物的费用可能更高。本书用环境规制滞后一期作为工具变量，对以上回归进行稳健性检验。首先分别对工具变量进行不可

① 比较不同滞后期数的环境规制系数大小，系数越大说明该期的环境规制的影响程度越大。但是这种方法也只能说明环境规制存在滞后，并不能确定环境规制的滞后期数。

识别检验、弱工具变量检验、过度识别检验，对解释变量进行内生性检验。在低污染行业中，当被解释变量为投入节约率、期望产出生产率和非期望产出削减率时，环境规制并不存在内生性问题。其他组别的数据均通过以上检验。因为低污染行业有部分组别不存在内生性问题，我们将环境规制滞后一期作为解释变量作为对照组，进行进一步的稳健性讨论。

表 5-12 至表 5-14 分别为总体样本、高污染行业和低污染行业的稳健性检验结果，仅展示了环境规制的系数和显著性水平，其他控制变量系数的符号和数值大小与前文类似。

表 5-12　　总体样本稳健性检验结果

环境规制滞后一期作为工具变量						
被解释变量	IEL	Effch	Tech	IEL_x	IEL_y	IEL_b
ER	-0.356*** (-4.055)	-0.011* (-1.815)	-0.345*** (-3.948)	0.237*** (2.891)	-0.680*** (-4.389)	0.364*** (3.158)
ER^2	0.025*** (2.728)	0.002* (1.814)	0.024** (2.562)	-0.051* (-1.930)	0.064*** (3.714)	-0.101*** (-2.873)
ER^3				0.003 (1.452)		0.007** (2.464)
控制变量	控制	控制	控制	控制	控制	控制
R^2	0.593	0.057	0.600	0.390	0.472	0.231
N	351	351	351	351	351	351
环境规制滞后一期作为解释变量						
被解释变量	IEL	Effch	Tech	IEL_x	IEL_y	IEL_b
L. ER	-0.293*** (-4.214)	-0.007* (-1.725)	-0.286*** (-4.130)	0.194*** (3.066)	-0.529*** (-4.465)	0.288*** (3.195)
L. ER^2	0.020*** (3.192)	0.001* (1.723)	0.019*** (3.033)	-0.040** (-2.234)	0.046*** (3.976)	-0.075*** (-3.147)
L. ER^3				0.002* (1.792)		0.005*** (2.871)
控制变量	控制	控制	控制	控制	控制	控制
R^2	0.597	0.060	0.603	0.391	0.477	0.235
N	351	351	351	351	351	351

注：估计系数下方括号内的数字为系数估计值的 t 统计量，其中 *、** 和 *** 分别表示 10%、5% 和 1% 的显著性水平。

资料来源：作者计算整理。

表 5－13　　　　高污染行业稳健性检验结果

环境规制滞后一期作为工具变量						
被解释变量	IEL	Effch	Tech	IEL_x	IEL_y	IEL_b
ER	－0.354** （－2.100）	－0.053*** （－2.768）	－0.328** （－1.969）	0.002 （0.159）	－0.043 （－0.724）	－0.255*** （－3.521）
ER^2	0.026 （1.627）	0.012*** （2.812）	0.022 （1.405）			0.020*** （2.697）
ER^3		－0.001** （－2.151）				
控制变量	控制	控制	控制	控制	控制	控制
R^2	0.662	0.132	0.667	0.633	0.628	0.504
N	169	169	169	169	169	169
环境规制滞后一期作为解释变量						
被解释变量	IEL	Effch	Tech	IEL_x	IEL_y	IEL_b
ER	－0.239** （－1.981）	－0.049*** （－2.956）	－0.223* （－1.883）	0.001 （0.150）	－0.031 （－0.689）	－0.171*** （－3.180）
ER^2	0.016 （1.532）	0.011*** （3.087）	0.014 （1.337）			0.012** （2.392）
ER^3		－0.001*** （－2.764）				
控制变量	控制	控制	控制	控制	控制	控制
R^2	0.669	0.141	0.674	0.633	0.629	0.508
N	169	169	169	169	169	169

注：估计系数下方括号内的数字为系数估计值的 t 统计量，其中 *、** 和 *** 分别表示 10%、5% 和 1% 的显著性水平。

资料来源：作者计算整理。

表 5－14　　　　低污染行业稳健性检验结果

环境规制滞后一期作为工具变量						
被解释变量	IEL	Effch	Tech			
ER	－0.036 （－0.308）	0.018 （1.461）	－0.039 （－0.339）			
ER^2		－0.010 （－1.330）				
控制变量	控制	控制	控制			
R^2	0.371	0.232	0.373			
N	182	182	182			

续表

环境规制滞后一期作为解释变量						
被解释变量	IEL	Effch	Tech	IEL_x	IEL_y	IEL_b
ER	-0.020 (-0.286)	0.007 (1.526)	-0.021 (-0.314)	0.785* (1.823)	-1.757 (-1.471)	0.822 (1.529)
ER^2		-0.003 (-1.482)		-0.759 (-1.634)	1.803 (1.448)	-0.909 (-1.577)
ER^3				0.208 (1.573)	-0.500 (-1.434)	0.259 (1.539)
控制变量	控制	控制	控制	控制	控制	控制
R^2	0.372	0.240	0.373	0.482	0.426	0.400
N	182	182	182	182	182	182

注：

（1）估计系数下方括号内的数字为系数估计值的 t 统计量，其中 *、** 和 *** 分别表示 10%、5% 和 1% 的显著性水平；

（2）分别对工具变量进行不可识别检验、弱工具变量检验、过度识别检验，对解释变量进行内生性检验。在低污染行业中，当被解释变量为投入节约率（IEL_x）、期望产出生产率（IEL_y）和非期望产出削减率（IEL_b）时，环境规制并不存在内生性问题，因此这三组数据没有进行工具变量稳健性检验。

资料来源：作者计算整理。

在总体样本回归中，将环境规制滞后一期作为工具变量和解释变量的回归系数符号与表 5-3 完全一致，在前文中显著的变量在稳健性检验中也十分显著。滞后一期作工具变量的系数绝对值要普遍大于表 5-3 的数值，但差异不大；滞后一期作解释变量的系数数值与表 5-3 的数值更为接近，部分系数完全相同。

高污染行业的稳健性检验结果与总体样本类似，系数符号基本与表 5-8 一致，显著性水平也较为相似。滞后一期作工具变量的系数绝对值要大于表 5-8，但差异不大；滞后一期作解释变量的系数数值与前文的数值更为接近，部分系数完全相同。唯一不同的是投入节约率作为被解释变量，在表 5-8 中环境规制的系数为正，在表 5-13 中该系数为负，但两者均不显著，而且系数绝对值较小（小于或等于 0.002），可能高污染行业的环境规制对投入节约率的影响较小，可以忽略不计，说明前文关于高污染行业的回归结果是稳健的。

在低污染行业回归中，两组稳健性检验回归的系数符号基本与表 5-10 一致，环境规制滞后一期作工具变量的系数绝对值要大于表 5－10，显著性水平与表 5－10 相似。与前面两组稳健性检验结果不同的是，滞后一期作解释变量的系数绝对值要小于表 5－10，但是绝对值均与表 5－10 的数值差距不大。

综合以上从总体、高污染行业和低污染行业的稳健性检验分析，我们认为前文的回归分析结果是稳健的。

本章小结

本章主要分析环境规制对环境全要素生产率的影响。

首先，从影响机制上分析环境规制对环境全要素生产率有两种截然相反的影响效应。第一种是挤出效应，当存在外部环境规制时，企业势必会调整其生产投入，将部分用于生产的资源用于减少污染的排放，比如购置污染减排装置或缴纳污染处理费用等，产生“遵从成本”，该成本将使企业偏离其最优生产决策，造成生产率的下降。第二种是倒逼效应，即 Porter（1991），Porter and van der Linde（1995）提出了“波特假说”，认为环境规制可以激励企业创新，提高环境绩效，甚至在某些情况下，合适的环境规制可以产生“创新补偿效应”，抵消企业的遵从成本，提高企业生产率。挤出效应认为环境规制会降低企业生产率，倒逼效应认为合适的环境规制会提高企业生产率，在实证分析中，何种效应占主导地位是不确定的，因此环境规制对生产率的影响是未知的。

其次，本章分别进行了基准回归和异质性回归。

基准回归结果显示，环境规制对环境全要素生产率、效率变化、技术进步和期望产出生产率的影响符合 U 形曲线关系，适当的环境规制强度会促进以上四种生产率的增长（强波特假说）。但是目前大部分行业位于拐点左侧，即 84.92% 以上样本和 85% 以上行业的环境规制会抑制环境全要素生产率、效率变化、技术进步和期望产出生产率的增长。环境规制对投入节约率和非期望产出削减率的影响符合 N 形曲线关系。目前大部分行业位于单调递增区间，即 78.84% 以上样本和 70% 以上行业的环境规制会促进投入节约率和非期望产出削减率的增长，环境规制的实施会明显促进投入节约率和非期望产出削减率的增长。目前中国制造业行业的环境规制强度较低，还有上升的空间；现阶段的环境规制会促进投入节约率和非期望产出削减率的增长，但是会抑制环境全要素生产率及其他分解项的增长。

异质性回归结果显示，高污染行业的环境规制强度要明显高于低污染行业。环境规制对高污染行业环境全要素生产率的影响符合 U 形曲线关系，且十分显著；对低污染行业环境全要素生产率的影响不存在非线性关系，影响为负，但不显著。大部分高污染行业和低污染行业的现行环境规制强度会抑制环境全要素生产率的增长；对行业内部而言高污染行业和低污染行业的环境规制强度都较低，只有提高环境规制强度才能更好地促进环境全要素生产率及其分解项的增长。

最后，本章进行了稳健性检验，检验结果显示前文的分析结果是稳健的。

第六章　环境全要素生产率影响出口产品质量的模型分析

Hallak and Sivadasan（2013）在 Melitz（2003）的基础上丰富了企业异质性的内涵，建立了包含两种要素的企业异质性模型："过程生产率"（process productivity）和"产品生产率"（product productivity）。将单一属性的企业异质性扩展到双重属性的企业异质性。Hallak and Sivadasan（2013）分别讨论了封闭经济和开放经济条件下、没有质量约束和有质量约束情况下企业的出口行为。

Johnson（2012）建立了一个包含连续差异性产品的多国贸易模型，在模型中讨论了企业生产率与产品价格，以及企业行为之间的关系。Johnson（2012）所建立的是单一属性的企业异质性模型，生产率差异是企业之间的唯一差异。

本章综合了以上两种模型，将环境全要素生产率引入企业异质性模型，讨论了在封闭经济和开放经济条件下企业的最优质量选择，以及环境全要素生产率对企业产品质量的影响和临界产品质量。

本章首先从需求和供给角度阐述了基础模型假设；然后将基础模型推广到封闭经济情况，讨论了国内消费者的最优消费选择以及国内生产者的最优质量选择和临界产品质量；接着将模型进一步推广到开放经济，讨论了国内和国外消费者的最优消费需求以及国内生产者的出口最优质量选择和出口临界产品质量。由于本书计量部分的数据是开放经济体的贸易数据，因此本章仅在开放经济的模型中讨论了环境全要素生产率与产品质量之间的线性和非线性关系，这也正是本章模型的另一个创新点。

第一节　基础模型

一、需求

目前包含产品质量的 CES 效用函数已形成固定模型，均是在 Dixit and Stiglitz（1977）的 CES 效应函数基础上所建立的[①]。

假设 i 国代表性消费者消费某一特定行业产品的效用函数满足 CES 双重效用函数：

$$U_i = \left[\int_{w \in \Omega_i} (\lambda_w q_{iw})^{\frac{\sigma-1}{\sigma}} dw \right]^{\frac{\sigma}{\sigma-1}}, \sigma > 1 \tag{6-1}$$

其中，Ω_i 为该行业所有产品的集合，w 为其中某一单独产品，λ_w 为产品 w 的质量，q_{iw} 为 i 国消费产品 w 的消费量，σ 为不同产品之间的替代弹性。

在这里，产品质量 λ_w 可以看作偏好的需求开关（demand shifter），也就是说在消费量一定时，产品质量越高（λ_w 越大），消费者的效用越高。所以当两种产品的价格相同时，消费者会选择质量更高的产品，这也正是质量的一种属性。

假设 i 国消费者在该行业的消费支出满足：

$$p_{iw} q_{iw} \leqslant C_i \tag{6-2}$$

其中 p_{iw} 为 i 国产品 w 的国内价格，C_i 为 i 国消费者在该行业中的总消费支出。在式（6-2）的约束下，求解式（6-1）消费者效用最大化，可以得到 i 国消费产品 w 的消费量：

$$q_{iw} = \lambda_w^{\sigma-1} p_{iw}^{-\sigma} \frac{C_i}{P_i} \tag{6-3}$$

其中，$P_i = \int_{w \in \Omega_i} \left(\frac{p_{iw}}{\lambda_w} \right)^{1-\sigma} dw$ 为总价格指数。产品价格越低（越高），P_i 越高（越低）。因此可以把 P_i 看作市场竞争指数，P_i 越高，市场竞争越激烈；反之，市场竞争越温和。

① Hallak and Schott（2011）对这一效用函数的构建有详细的阐述。

二、供给

本节在 Hallak and Sivadasan（2013）和 Johnson（2012）模型基础上进行了融合和扩展，引入环境全要素生产率作为企业异质性来源，建立企业的基本供给模型。

假设 i 国国内市场是垄断竞争市场，在某一特定行业中，每个企业在选择价格的同时选择产品质量。

环境全要素生产率增加了污染排放作为非期望产出，但其内涵与传统意义上的生产率是一致的。因此作为生产率中的一种，环境全要素生产率会影响企业的质量选择，假设质量是环境全要素生产率的函数：

$$\lambda_w = \lambda(\varphi_w) \tag{6-4}$$

Hallak and Sivadasan（2013）将生产率分为过程生产率和产品生产率，这种区分方法虽然能更好地理解生产率对产品质量的影响机制，但是在实际中并不能将两者有效地从生产率中分离，因此本书在模型部分仍将生产率看作单一生产率，但是在第七章的影响机制部分，为了更好地解释说明，将两者进行了区分。

假设企业生产的固定成本是产品质量和环境全要素生产率的函数，当企业生产产品 w 时选择质量为 λ_w，固定成本 FC_{iw} 满足：

$$FC_{iw} = F_0 + \frac{f}{\varphi_w}[\lambda(\varphi_w)]^{\alpha}, \alpha > 0 \tag{6-5}$$

其中，φ_w 为企业的环境全要素生产率，F_0、f 为常数。

假设企业生产的边际成本是产品质量和环境全要素生产率的函数，当企业生产产品 w 时选择质量为 λ_w，固定成本 MC_{iw} 满足：

$$MC_{iw} = \frac{c}{\varphi_w}[\lambda(\varphi_w)]^{\beta}, \beta > 0 \tag{6-6}$$

其中，φ_w 为企业的环境全要素生产率，c 为常数。

比较式（6-5）和式（6-6），我们可以发现环境全要素生产率均通过两种途径对固定成本和边际成本产生影响：一方面，环境全要素生产率直接影响企业的固定（边际）成本，环境全要素生产率越高，企业的固定（边际）成本越低；另一方面，环境全要素生产率通过影响企业的质量选择，间接影响企业的固定（边际）成本。

在直接影响途径中，环境全要素生产率对固定成本和边际成本的影响程度相同；在间接影响途径中，环境全要素生产率对固定成本和边际成本的影响程度取决于产品质量对固定成本和边际成本的影响程度，取决于 α 和 β 的大小。因此综合来看，环境全要素生产率对固定成本和边际成本的影响程度主要取决于 α 和 β 的大小。

第二节 封闭经济

假设 i 国为封闭经济体，以下模型均是针对 i 国某一特定行业的分析。分别从需求角度和供给角度分析 i 国该行业中企业生产的最优质量和临界质量。

一、需求

i 国为封闭经济体，国内仅消费 i 国生产的产品。根据第一节对需求的基本假设，i 国对产品 w 的需求量满足式（6－3）。

二、供给

i 国为封闭经济体，国内生产者仅生产 i 国消费者所需产品。根据第一节对生产者固定成本和边际成本的基本假设，i 国企业生产产品 w 时的净利润函数为：

$$\prod_{dw} = p_{iw}q_{iw} - MC_{iw}q_{iw} - FC_{iw} \tag{6-7}$$

脚标 d 表示在封闭经济的情况下。

企业在利润最大化的情况下选择产品价格，将式（6－3）至式（6－6）代入式（6－7）中，求解企业的最优价格，可以得到：

$$p_{iw} = \frac{\sigma}{\sigma - 1}MC_{iw} \tag{6-8}$$

式（6－8）说明最优产品价格是边际成本的固定加成，这也是 CES 效用函数的一个特征①。

将式（6－5）、式（6－6）、式（6－8）代入式（6－7）中，在企业利润

① 详细推导过程见附录 2－A。

最大化的情况下求解最优产品质量，可以得到①：

$$\lambda_{dw}^{*}(\varphi_{w})=\left[\frac{1-\beta}{\alpha f}\left(\frac{\sigma}{\sigma-1}\right)^{-\sigma}\frac{C_{i}}{P_{i}}c^{1-\sigma}\right]^{\frac{1}{\alpha-(1-\beta)(\sigma-1)}}\varphi_{w}^{\frac{\sigma}{\alpha-(1-\beta)(\sigma-1)}} \tag{6-9}$$

令：

$$M=\left[\frac{1-\beta}{\alpha f}\left(\frac{\sigma}{\sigma-1}\right)^{-\sigma}\frac{C_{i}}{P_{i}}c^{1-\sigma}\right]^{\frac{1}{\alpha-(1-\beta)(\sigma-1)}},\theta=\frac{\sigma}{\alpha-(1-\beta)(\sigma-1)}$$

则（6－9）式可以简化为：

$$\lambda_{dw}^{*}(\varphi_{w})=M\varphi_{w}^{\theta} \tag{6-10}$$

三、临界质量

当企业选择最优产品质量后，在 i 国该行业中企业的销售收入为：

$$R_{dw}=p_{iw}q_{iw}=\frac{\sigma}{\sigma-1}MC_{iw}q_{iw}=\left(\frac{\sigma}{\sigma-1}\right)^{1-\sigma}\left(\frac{c}{\varphi_{w}}\right)^{1-\sigma}\frac{C_{i}}{P_{i}}\lambda_{dw}^{(1-\beta)(\sigma-1)} \tag{6-11}$$

则企业不包含固定成本的利润函数为：

$$\prod_{dw}^{0}=p_{iw}q_{iw}-MC_{iw}q_{iw}=\frac{1}{\sigma-1}MC_{iw}q_{iw}=\frac{1}{\sigma}R_{dw} \tag{6-12}$$

则式（6－7），企业的净利润可以化简为：

$$\prod_{dw}=\prod_{dw}^{0}-FC_{iw}=\frac{1}{\sigma}R_{dw}-FC_{iw} \tag{6-13}$$

在该行业中，如果企业想继续生存，必须满足企业有非负的净利润，即 $\prod_{dw}\geqslant 0$：

$$\frac{1}{\sigma}R_{dw}\geqslant FC_{iw} \tag{6-14}$$

将企业最优质量函数式（6－9）代入（6－14），求解可以得到 i 国企业进入国内该行业的临界环境全要素生产率和临界产品质量②。

临界环境全要素生产率：

$$\underline{\varphi}_{w}=\left[\frac{1-\beta}{\alpha f}\left(\frac{\sigma}{\sigma-1}\right)^{-\sigma}\frac{C_{i}}{P_{i}}c^{1-\sigma}\right]^{\frac{-\alpha}{(\alpha-\beta+1)(\sigma-1)}}\left[\frac{F_{0}(1-\beta)(\sigma-1)}{\alpha f-f(1-\beta)(\sigma-1)}\right]^{\frac{\alpha-(1-\beta)(\sigma-1)}{(\alpha-\beta+1)(\sigma-1)}} \tag{6-15}$$

① 详细推导过程见附录 2－B。
② 详细推导过程见附录 2－C。

临界产品质量：

$$\underline{\lambda}_{dw}=\left[\frac{1-\beta}{\alpha f}\left(\frac{\sigma}{\sigma-1}\right)^{-\sigma}\frac{C_i}{P_i}c^{1-\sigma}\right]^{\frac{-1}{(\alpha-\beta+1)(\sigma-1)}}\left[\frac{F_0(1-\beta)(\sigma-1)}{\alpha f-f(1-\beta)(\sigma-1)}\right]^{\frac{\sigma}{(\alpha-\beta+1)(\sigma-1)}}$$

(6－16)

即当质量 $\lambda_d^*(\varphi_w)\geqslant\underline{\lambda}_{dw}$ 时，企业选择生产产品；反之，将退出国内市场。

第三节　开放经济

假设 i 国和 j 国均为开放经济，以下模型均是针对 i 国和 j 国某一特定行业的分析。分别从需求角度和供给角度分析 i 国该行业中企业生产的临界质量、最优质量，以及环境全要素生产率对最优质量的影响及影响程度。

一、消费

i 国和 j 国均为开放经济，根据第一节对需求的基本假设，i 国国内对 i 国某一特定行业生产的产品 w 的需求量满足式（6－3）。

假设此时 j 国消费 i 国的出口产品，其中 j 国代表性消费者的 CES 双重效用函数为：

$$U_j=\left[\int_{w\in\Omega_j}(\lambda_w q_{ijw})^{\frac{\sigma-1}{\sigma}}dw\right]^{\frac{\sigma}{\sigma-1}},\sigma>1 \qquad (6-17)$$

其中，Ω_j 为 j 国从 i 国某一特定行业进口的所有产品的集合，w 为其中某一单独产品。λ_w 为产品 w 的质量，q_{ijw} 为 j 国从 i 国进口产品 w 的数量。σ 为不同产品之间的替代弹性。

假设 j 国消费者用于 i 国该行业的进口消费支出满足：

$$p_{jw}q_{ijw}\leqslant C_j \qquad (6-18)$$

其中 p_{jw} 为 j 国 w 产品的国内价格，C_j 为 j 国消费者用于 i 国该行业的进口总消费支出。在式（6－18）的约束下，求解式（6－17）j 国消费者效用最大化：

$$q_{ijw}=\lambda_w^{\sigma-1}\frac{p_{jw}^{-\sigma}}{P_j}C_j \qquad (6-19)$$

其中，$P_j=\int_{w\in\Omega_j}\left(\frac{p_{jw}}{\lambda_w}\right)^{1-\sigma}dw$ 为总价格指数。同样可以把 P_j 看作市场竞争指数，P_j 越高，市场竞争越激烈；反之，市场竞争越温和。

二、供给

i 国为开放经济，在上一节的假设中 i 国产品不仅用于国内消费，还出口到国外（假设 j 国为其中代表性消费国），因此 i 国国内生产者同时生产 i 国和所有国外市场需求的产品。

假设 i 国产品 w 进入到 j 国市场，需要支付一个额外的固定出口成本 F_{ij}，F_{ij}为常数；从 i 国向 j 国运输的“冰山成本”为 τ_{ij}，并且 $\tau_{ij}>1$。则产品 w 在 i 国的价格与 j 国的价格的关系为：

$$p_{jw}=\tau_{ij}p_{iw} \tag{6-20}$$

假设 i 国的产品 w 总共出口到 J 个国家，则 i 国产品 w 的总需求为国内和国外需求之和：

$$q_w=q_{iw}+\sum_j^J q_{ijw} \tag{6-21}$$

根据第一节对生产者固定成本和边际成本的基本假设，此时 i 国企业的净利润函数为：

$$\prod_w=p_{iw}q_w-MC_{iw}q_w-FC_{iw}-\sum_j^J F_{ij} \tag{6-22}$$

与封闭经济类似，企业在利润最大化的情况下选择产品价格，得到最优产品价格是边际成本的固定加成①：

$$p_{iw}=\frac{\sigma}{\sigma-1}MC_{iw}$$

在企业利润最大化的情况下求解最优产品质量，可以得到②：

$$\lambda^*(\varphi_w)=\left[A\frac{1-\beta}{\alpha f}\left(\frac{\sigma}{\sigma-1}\right)^{-\sigma}c^{1-\sigma}\right]^{\frac{1}{\alpha-(1-\beta)(\sigma-1)}}\varphi_w^{\frac{\sigma}{\alpha-(1-\beta)(\sigma-1)}} \tag{6-23}$$

其中，$A=\left(\frac{C_i}{P_i}+\sum_j\tau_{ij}^{-\sigma}\frac{C_j}{P^j}\right)$。

① 在开放经济中，企业的最优价格推导过程与封闭经济的类似，见附录 2 - A。

② 详细推导过程见附录 2 - D。

令：

$$N=\left[A\frac{1-\beta}{\alpha f}\left(\frac{\sigma}{\sigma-1}\right)^{-\sigma}c^{1-\sigma}\right]^{\frac{1}{\alpha-(1-\beta)(\sigma-1)}},\theta=\frac{\sigma}{\alpha-(1-\beta)(\sigma-1)}$$

则式（6－23）可以简化为：

$$\lambda^*(\varphi_w)=N\varphi_w^{\theta} \tag{6-24}$$

为了保证式（6－23）求解的最优产品质量是最大值，假设 $0<\beta<1$，也就是说边际成本随产品质量的增加而增加，但是增加的速度较慢。关于 θ 大小的讨论，涉及产品质量对固定成本和边际成本的影响程度大小。若 $0<(1-\beta)(\sigma-1)<\alpha$，则 $\theta>0$，说明产品质量对固定成本的影响程度大于边际成本，固定成本随产品质量的增加而增加，且增加的速度较快，θ 越大，固定成本随产品质量的增加速度越快；若 $0<\alpha<(1-\beta)(\sigma-1)$，则 $\theta<0$，说明产品质量对边际成本的影响程度大于固定成本，固定成本随产品质量的增加而增加，且增加的速度较慢，慢于边际成本的增加速度。

命题 6－1：在开放经济中，企业选择的最优质量是环境全要素生产率的函数。若环境全要素生产率与产品质量存在线性关系，环境全要素生产率对企业产品质量的影响不确定；当 $\theta>0$ 时，环境全要素生产率越高，企业生产的产品质量越高；当 $\theta<0$ 时，环境全要素生产率越高，企业生产的产品质量越低。若环境全要素生产率与产品质量存在非线性关系，环境全要素生产率对企业产品质量的影响不确定；当 $\theta<0$ 或 $\theta>1$ 时，环境全要素生产率对企业产品质量的影响符合 U 形曲线关系；当 $0<\theta<1$ 时，环境全要素生产率对企业产品质量的影响符合倒 U 形曲线关系。

证明：根据前文假设：$\sigma>1$、$0<\beta<1$，因此 $N>0$，且环境全要素生产率 $\varphi_w>0$。式（6－24）中环境全要素生产率的一阶偏导为：

$$\frac{\partial\lambda^*(\varphi_w)}{\partial\varphi_w}=N\theta\varphi_w^{\theta-1} \tag{6-25}$$

当产品质量与环境全要素生产率存在线性关系，因为 θ 的大小不确定，式（6－25）的符号不确定。当 $0<(1-\beta)(\sigma-1)<\alpha$ 时，即 $\theta>0$，式（6－25）大于 0，环境全要素生产率越高，企业生产的产品质量越高；当 $0<\alpha<(1-\beta)(\sigma-1)$ 时，即 $\theta<0$，式（6－25）小于 0，环境全要素生产率越高，企业生产的产品质量越低。

$$\frac{\partial^2 \lambda^*(\varphi_w)}{\partial \varphi_w^{\ 2}} = N\theta(\theta-1)\varphi_w^{\theta-2} \tag{6-26}$$

当产品质量与环境全要素生产率存在非线性关系，因为（$\theta-1$）的大小不确定，式（6－26）的符号不确定。当 $\theta<0$ 或 $\theta>1$ 时，式（6－26）大于0，环境全要素生产率对企业产品质量的影响符合U形曲线关系；当 $0<\theta<1$ 时，式（6－26）小于0，环境全要素生产率对企业产品质量的影响符合倒U形曲线关系。

命题6－2：在开放经济中，若环境全要素生产率对产品质量的影响符合线性关系，当 $\theta<0$ 或 $\theta>1$ 时，环境全要素生产率越高，其对产品质量的影响程度越大；当 $0<\theta<1$ 时，环境全要素生产率越高，其对产品质量的影响程度越小。

证明：当环境全要素生产率对产品质量的影响符合线性关系，环境全要素生产率对产品质量的影响程度为式（6－24）中环境全要素生产率的一阶偏导。要讨论该函数如何随环境全要素生产率变化，讨论式（6－24）中环境全要素生产率的二阶偏导的正负即可。式（6－24）中环境全要素生产率的一阶偏导为式（6－25），将该式继续对 φ_w 求偏导，即可得到式（6－24）中环境全要素生产率的二阶偏导——式（6－26）。当 $\theta<0$ 或 $\theta>1$ 时，式（6－26）大于0，说明环境全要素生产率越高，其对产品质量的影响程度越大；当 $0<\theta<1$ 时，式（6－26）小于0，说明环境全要素生产率越高，其对产品质量的影响程度越小。

命题6－3：在开放经济中，若环境全要素生产率对产品质量的影响符合非线性关系，当 $\theta<2$ 时，环境全要素生产率的变化对产品质量的影响程度大小变化不确定；当 $\theta>2$ 时，环境全要素生产率越高，其对产品质量的影响程度越大。

证明：当环境全要素生产率对产品质量的影响符合非线性关系，环境全要素生产率一次项系数为式（6－25），其大小与环境全要素生产率的关系符合命题6－2。环境全要素生产率二次项系数为式（6－26），要讨论其大小如何随环境全要素生产率变化，讨论式（6－24）中环境全要素生产率的三阶偏导的正负即可。

$$\frac{\partial^3 \lambda^*(\varphi_w)}{\partial \varphi_w^{\ 3}} = N\theta(\theta-1)(\theta-2)\varphi_w^{\theta-3} \tag{6-27}$$

当 $\theta<0$ 或 $1<\theta<2$ 时，式（6－27）小于0，说明环境全要素生产率二次项系数随环境全要素生产率的提高而减小；当 $0<\theta<1$ 或 $\theta>2$ 时，式（6－27）大于0，说明环境全要素生产率二次项系数随环境全要素生产率的提高而增加。

综合以上环境全要素生产率一次项系数和二次项系数随环境全要素生产率的变化情况，我们可以得到如下结论：

当 $0<\theta<1$ 时，环境全要素生产率一次项系数随环境全要素生产率的提高而减小，环境全要素生产率二次项系数随环境全要素生产率的提高而增加。环境全要素生产率的变化对产品质量的影响程度大小变化不确定。

当 $\theta<0$ 或 $1<\theta<2$ 时，环境全要素生产率一次项系数随环境全要素生产率的提高而增加，环境全要素生产率二次项系数随环境全要素生产率的提高而减小。环境全要素生产率的变化对产品质量的影响程度大小变化不确定。

当 $\theta>2$ 时，环境全要素生产率一次项系数和二次项系数随环境全要素生产率的提高而增加，说明环境全要素生产率越高，其对产品质量的影响程度越大。

三、临界质量

当企业选择最优产品质量后，在 i 国该行业中企业的销售收入为：

$$R_w = p_{iw}q_w = \frac{\sigma}{\sigma-1}MC_{iw}q_w = A\left(\frac{\sigma}{\sigma-1}\right)^{1-\sigma}\left(\frac{c}{\varphi_w}\right)^{1-\sigma}\lambda_w^{(1-\beta)(\sigma-1)} \tag{6-28}$$

则企业不包含固定成本的利润函数为：

$$\prod_w^0 = p_{iw}q_w - MC_{iw}q_w = \frac{1}{\sigma-1}MC_{iw}q_w = \frac{1}{\sigma}R_w \tag{6-29}$$

则式（6－22），企业的净利润可以化简为：

$$\prod_w = \prod_w^0 - FC_{iw} - \sum_j^J F_{ij} = \frac{1}{\sigma}R_w - FC_{iw} - \sum_j^J F_{ij} \tag{6-30}$$

在该行业中，如果企业要出口，必须满足企业有非负的净利润，即 $\prod_w \geqslant 0$：

$$\frac{1}{\sigma}R_w \geqslant FC_{iw} + \sum_j^J F_{ij} \tag{6-31}$$

将式（6－23）企业最优质量函数代入式（6－31），求解可以得到企业进入国际市场的临界环境全要素生产率和临界产品质量①。

临界环境全要素生产率：

$$\underline{\varphi}_w = \left[A\frac{1-\beta}{\alpha f}\left(\frac{\sigma}{\sigma-1}\right)^{-\sigma}c^{1-\sigma}\right]^{\frac{-\alpha}{(\alpha-\beta+1)(\sigma-1)}}\left[\frac{\left(F_0+\sum_j^J F_{ij}\right)(1-\beta)(\sigma-1)}{\alpha f-f(1-\beta)(\sigma-1)}\right]^{\frac{\alpha-(1-\beta)(\sigma-1)}{(\alpha-\beta+1)(\sigma-1)}} \tag{6-32}$$

临界产品质量：

$$\underline{\lambda}_w = \left[A\frac{1-\beta}{\alpha f}\left(\frac{\sigma}{\sigma-1}\right)^{-\sigma}c^{1-\sigma}\right]^{\frac{-1}{(\alpha-\beta+1)(\sigma-1)}}\left[\frac{\left(F_0+\sum_j^J F_{ij}\right)(1-\beta)(\sigma-1)}{\alpha f-f(1-\beta)(\sigma-1)}\right]^{\frac{\sigma}{(\alpha-\beta+1)(\sigma-1)}} \tag{6-33}$$

当质量 $\lambda^*(\varphi_w)\geq\underline{\lambda}_w$ 时，企业选择出口；反之，企业只能在国内市场进行销售。

本章小结

本章将 Hallak and Sivadasan（2013）基于两种生产要素的企业异质性模型和 Johnson（2012）包含连续差异性产品的多国贸易模型相结合，将环境全要素生产率引入企业异质性模型，讨论了在封闭经济和开放经济条件下，企业的最优质量选择，以及环境全要素生产率对企业质量的影响和临界产品质量。

首先建立需求和供给基础模型；然后将基础模型推广到封闭经济情况，讨论国内消费者的最优消费选择，以及国内生产者的最优质量选择和临界产品质量；接着将模型进一步推广到开放经济，分别讨论国内和国外消费者的最优消费需求，以及在同时面临国内和国外消费者时，国内生产者的出口最优质量选择和出口临界产品质量；最后讨论在开发经济的模型中，环境全要素生产率与产品质量之间的关系。提出如下命题：

第一，在开放经济中，企业选择的最优质量是环境全要素生产率的函数。若环境全要素生产率与产品质量存在线性关系，环境全要素生产率对企业产品

① 详细推导过程见附录 2 – E。

质量的影响取决于 θ 的大小，可能存在正相关关系（$\theta>0$），也可能存在负相关关系（$\theta<0$）。若环境全要素生产率与产品质量存在非线性关系，环境全要素生产率对企业产品质量的影响取决于 θ 的大小，可能符合 U 形曲线关系（$\theta<0$ 或 $\theta>1$），也可能符合倒 U 形曲线关系（$0<\theta<1$）。

第二，在开放经济中，若环境全要素生产率对产品质量的影响符合线性关系，环境全要素生产率对产品质量的影响程度取决于 θ 的大小。当 $\theta<0$ 或 $\theta>1$ 时，环境全要素生产率越高，其对产品质量的影响程度越大；当 $0<\theta<1$ 时，环境全要素生产率越高，其对产品质量的影响程度越小。

第三，在开放经济中，若环境全要素生产率对产品质量的影响符合非线性关系，环境全要素生产率对产品质量的影响程度取决于 θ 的大小。当 $\theta<2$ 时，环境全要素生产率的变化对产品质量的影响程度不确定；当 $\theta>2$ 时，环境全要素生产率越高，其对产品质量的影响程度越大。

第七章　环境全要素生产率影响中国出口产品质量的计量分析

第一节　影响机制

根据第六章的模型分析，我们假设环境全要素生产率中包含两种生产率，一种生产率是一般文献中所提及的标准生产率，也是我们通常理解的生产率，即更少的投入生产更多数量产品的能力；另一种生产率是提高产品质量的能力，即更少的投入生产更高质量产品的能力。我们采用 Hallak and Sivadasan (2013) 的命名方式，将第一种生产率称为“过程生产率”（process productivity），过程生产率的提高降低了产品的边际成本，继而降低产品价格；第二种生产率称为“产品生产率”（product productivity），产品生产率的提高促进了产品质量升级，提高了产品价格。过程生产率主要是通过影响产品的边际成本对企业的决策进行影响，产品生产率主要是通过影响企业的固定成本对企业的决策进行影响。

另外，如果企业要进行质量升级，必须支付产品质量升级成本，因此企业对产品质量的选择会影响企业生产的边际成本和固定成本。例如要生产更高质量的产品，企业需要雇佣高技能的劳动力、提高投入要素的品质等，或者需要改善工厂环境、配备更高级的生产设备、增加研发投入和广告宣传等。

企业的产品质量是在生产过程中内生决定的，企业根据自身的边际成本和固定成本共同决定企业的产品质量。其中产品生产率主要影响企业的质量选择，但是过程生产率也可以通过影响边际成本，间接地影响企业的质量选择。两种生产率的提高都能使企业的利润增加，企业综合考虑生产的成本和收益，如果企业升级产品质量所获得的收益大于支付质量升级的成本，那么企业会选择升级产品质量，否则企业会选择降低边际成本。

但是在现实中我们并不能对两种生产率进行有效的分离，当企业提高生产率时，可能是提高过程生产率，也可能是提高产品生产率，只能从生产率提高得到的结果来反推出何种生产率发生了变化。如果提高的是过程生产率，那么生产率的提高会使边际成本下降，产品价格下降，对产品质量的影响较小，也就是说此时生产率的提高并没有促进产品质量的升级。如果提高的是产品生产率，那么生产率的提高会直接促进产品升级，提高产品价格。这两种生产率对产品质量的影响作用是相反的。因此在计量分析中，如果生产率的提高能促进产品质量升级，那么此时的生产率主要表现为产品生产率；反之，则主要表现为过程生产率。因此，环境全要素生产率的提高对出口产品质量的影响是未知的①。

环境全要素生产率影响产品质量机制见图 7－1。

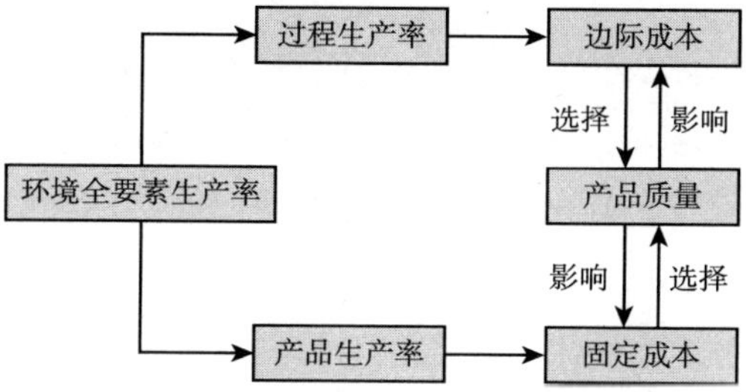

图 7－1　环境全要素生产率影响产品质量机制

资料来源：作者整理。

第二节　模型构建及指标选择

一、模型构建

在第六章我们构建了开放经济中企业的最优产品质量函数——式（6－23），该最优产品质量是环境全要素生产率的函数。建立如下分析模型：

① 本节影响机制分析中，主要阐述的是生产率对出口产品质量的影响。本书认为环境全要素生产率是全要素生产率的一种，是包含了非期望产出的全要素生产率，在测算上存在差异，但是两种生产率对企业绩效的影响没有本质上的差别。因此，在影响机制分析中，本书认为（环境）全要素生产率对产量质量的影响机制是相同的。

$$\ln q_{it} = \alpha_0 + \alpha_1 IEL_{m,it} + \alpha_2 \ln Z_{it} + \mu_i + \mu_t + \varepsilon_{it} \tag{7-1}$$

其中，$\ln q_{it}$为 i 行业 t 时期的出口产品质量，$IEL_{m,it}$为环境全要素生产率及其分解项，将环境全要素生产率从两个角度分解，分别分解为效率变化和技术进步，投入节约率、期望产出生产率和非期望产出削减率。从效率技术和投入产出角度分析环境全要素生产率的不同分解项对出口产品质量的影响。当 $m=0$ 时，IEL 表示环境全要素生产率；当 $m=x$ 时，IEL_x 表示投入节约率；当 $m=y$ 时，IEL_y 表示期望产出生产率；当 $m=b$ 时，IEL_b 表示非期望产出削减率；分别用 *Effch* 和 *Tech* 表示效率变化和技术进步。$\ln Z_{it}$分别为对应的环境全要素生产率和控制变量，μ_i 是行业 i 的个体效应，μ_t 是时间效应，ε_{it}是误差项。有一些影响行业出口产品质量的因素不随行业特征变化，或不随时间变化，或无法观测，我们假设这部分变量包含于个体效应、时间效应和误差项中。

在第六章的模型分析中我们发现，环境全要素生产率对出口产品质量的影响程度变化取决于 θ 的大小。考虑到环境全要素生产率及其分解项可能对出口产品质量存在非线性影响，我们在式（7-1）的基础上分别加入环境全要素生产率及其分解项的二次项和三次项，加入的原则是不影响一次项的显著性水平，否则不予考虑。

环境全要素生产率影响出口产品质量分析框架见图 7-2。

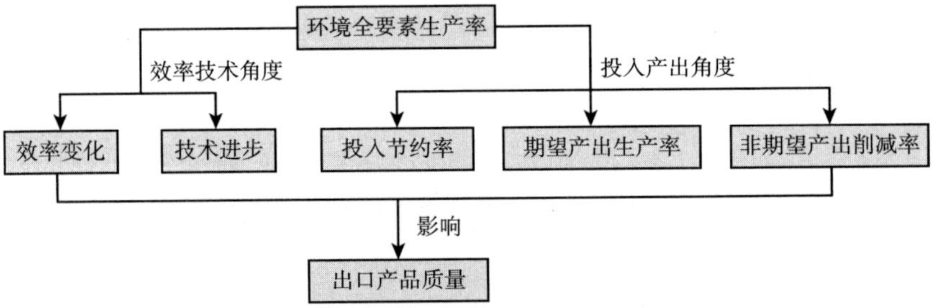

图 7-2 环境全要素生产率影响出口产品质量分析框架

资料来源：作者整理。

二、指标选择

（一）被解释变量

本章主要研究环境全要素生产率对中国制造业出口产品质量的影响。被解释变量为中国27个制造业行业的加权平均出口产品质量。通过第三章计算获得产品层面的出口产品质量，将该产品当年的出口额作为权重，计算得到行业层面的加权平均出口产品质量。

（二）解释变量

本章主要研究环境全要素生产率对制造业出口产品质量的影响，本章的解释变量为中国27个制造业行业的环境全要素生产率。通过第四章计算获得环境全要素生产率指标，进一步将环境全要素生产率指标分解为效率变化和技术进步，或者分解为投入节约率、期望产出生产率和非期望产出削减率，与第五章类似，将1995年的指标作为基期计算累加增长指标。

（三）控制变量

1. 行业竞争力

用行业的出口额占总出口额比重与行业的世界出口额占世界总出口额比重的相对值来衡量行业竞争力。

2. 资本密集度

中国的出口奇迹依赖于大量廉价劳动力，中国的出口产品主要以制造业产品为主，其比较优势为劳动力密集型产品。因此部分文献认为当行业的资本密集度提高时，说明该行业正在偏离中国的出口比较优势，这种偏离导致该行业容易生产低质量的产品。本书用人均固定资产来衡量行业资本密集度，通过计算行业固定资产净值与该行业全部从业人员比值获得该数据。

3. 工资

与第五章类似，本章同样认为工资包含两方面信息，一是人力资本，二是除人力资本外其他影响劳动力成本的因素。一方面工资可以衡量人力资本[①]，一般认为劳动力的人力资本越高，劳动力的技术、生产和创新能力越强，其生产的产品质量可能越高；另一方面工资可以衡量除人力资本外其他影响劳动力成本的因素，其他劳动力成本的提高会挤占生产资金，造成出口产品质量下降。以上两种因素对出口产品质量的影响恰好相反，在某些行业，工资

① 具体解释请参考第五章第二节，在此不再赘述。

的提高可能主要反映的是劳动力人力资本的提高，在这类行业中，工资越高，出口产品质量越高；在另外一些行业中，工资的提高可能主要反映的是生产成本的提高，在这类行业中，工资越高，出口产品质量越低。使用行业职工平均工资占制造业行业平均工资的比重来衡量工资。

4. 研发投入

研发投入的增长，会带来技术升级，提高出口产品质量。用工业企业技术开发经费支出作为研发投入的代理变量，使用研发投入经费占行业工业总产值的比重来衡量研发投入。

5. 外资渗透率

外资企业一般是生产率较高的企业，倾向于生产高质量产品，外资的引入可以直接提高产品质量，引入资金的同时会带来新的技术和管理模式，提高生产技术，可以间接提高产品质量。使用行业外商投资和港澳台商投资的工业企业总产值占该行业工业总产值的比值来衡量外资渗透率，2012 年以后的数据为主营业务收入的比值。

加权平均出口产品质量、行业竞争力数据来源于 UN Comtrade；环境全要素生产率数据来源于《中国统计年鉴》《中国经济普查年鉴》《中国工业统计年鉴》《中国能源统计年鉴》和《中国城市（镇）生活与价格年鉴》；工业总产值、资本密集度、工资、研发投入、外资渗透率、融资约束数据来源于《中国统计年鉴》《中国工业统计年鉴》《中国劳动统计年鉴》《中国经济普查年鉴》《中国城市（镇）生活与价格年鉴》和《中国能源统计年鉴》。

以上变量为中国 1995—2014 年 27 个制造业行业变量，共计 540 个样本（见表 7－1）。

表 7－1　　变量定义及数据统计性特征

变量	含义	样本量	均值	方差	最小值	最大值
lnq	出口产品质量	540	0.770	0.228	0.198	1.302
IEL	环境全要素生产率	540	0.229	0.722	－1.285	6.917
Effch	效率变化	540	－0.007	0.052	－0.985	0.063
Tech	技术进步	540	0.236	0.722	－1.276	6.959
IEL_x	投入节约率	540	－0.292	0.372	－2.442	0.006

续表

变量	含义	样本量	均值	方差	最小值	最大值
IEL_y	期望产出生产率	540	0.737	1.223	-0.269	8.452
IEL_b	非期望产出削减率	540	-0.215	0.427	-3.199	0.217
lnc	行业竞争力	540	4.338	0.859	2.465	6.188
lnkl	资本密集度	540	10.532	0.805	8.758	12.808
lnw	工资	540	4.590	0.265	4.048	5.593
lnrd	研发投入	540	-0.057	0.719	-2.111	1.440
lnfdi	外资渗透率	540	3.210	0.776	0.000	4.444

注：被解释变量和所有控制变量均取对数，环境全要素生产率、效率变化、技术进步、投入节约率、期望产出生产率、非期望产出削减率是以1995年为基期的累加增长率，数值较大。为了方便后文的回归结果汇报和计算分析，将环境全要素生产率及其分解项除以10。进行该处理并不会影响后文回归的显著性水平，只会改变环境全要素生产率及其分解项回归系数的小数点位置。

资料来源：作者计算整理。

第三节　基准回归结果

表7-2的VIF值均小于10，故不同解释变量与控制变量之间不存在多重共线性问题。

表7-2　　多重共线性检验结果

解释变量	IEL	Effch	Tech	IEL_x	IEL_y	IEL_b
变量	VIF	VIF	VIF	VIF	VIF	VIF
IELm	1.61	1.01	1.61	1.33	1.59	1.11
lnc	2.09	2.01	2.09	2.02	2.08	2.03
lnkl	2.95	2.35	2.96	2.61	2.91	2.43
lnw	2.05	2.01	2.05	2.02	2.08	2.06
lnrd	1.55	1.42	1.54	1.61	1.61	1.44
lnfdi	2.30	2.15	2.29	2.27	2.31	2.17

资料来源：作者计算整理。

表7-3是不同解释变量的回归结果，其中组1至组3的回归中分别加入环境全要素生产率、效率变化、技术进步的二次项和三次项，组4至组6

的回归中分别加入投入节约率、期望产出生产率和非期望产出削减率的二次项。

表 7-3　　　　含解释变量多次项的回归结果

组别	组 1	组 2	组 3	组 4	组 5	组 6
解释变量	IEL	Effch	Tech	IEL_x	IEL_y	IEL_b
IEL_m	0.016** (2.438)	-0.689*** (-3.248)	0.022*** (3.192)	0.051* (1.934)	0.013** (2.016)	-0.051*** (-3.426)
IEL_{m2}	-0.028*** (-7.047)	-2.225*** (-3.059)	-0.030*** (-7.502)	0.023* (1.761)	-0.003*** (-3.162)	-0.013** (-2.489)
IEL_{m3}	0.003*** (5.623)	-1.608*** (-3.058)	0.003*** (6.036)			
lnc	0.033*** (5.474)	0.057*** (8.477)	0.033*** (5.531)	0.053*** (7.632)	0.052*** (8.465)	0.054*** (8.193)
lnkl	0.030** (2.337)	0.034** (2.531)	0.028** (2.194)	0.028** (2.057)	0.019 (1.339)	0.018 (1.289)
lnw	-0.211*** (-7.535)	-0.144*** (-4.916)	-0.214*** (-7.642)	-0.158*** (-5.408)	-0.176*** (-6.236)	-0.166*** (-5.574)
lnrd	0.008 (1.012)	0.018** (2.129)	0.007 (0.947)	0.021** (2.469)	0.019** (2.292)	0.015* (1.921)
lnfdi	-0.031* (-1.813)	-0.058*** (-3.086)	-0.032* (-1.934)	-0.062*** (-3.550)	-0.061*** (-3.686)	-0.064*** (-3.766)
常数项	1.394*** (7.932)	1.005*** (5.686)	1.432*** (8.137)	1.148*** (6.573)	1.320*** (7.519)	1.306*** (7.404)
R^2	0.613	0.546	0.614	0.534	0.551	0.545
N	540	540	540	540	540	540
形状	N	倒 N	N	U	倒 U	倒 U
拐点	0.300 5.922	-0.726 -0.197	0.389 6.277	-1.109	2.167	-1.962

注：

(1) IELm 表示相对应的解释变量；

(2) 估计系数下方括号内的数字为系数估计值的 t 统计量，其中 *、** 和 *** 分别表示 10%、5% 和 1% 的显著性水平。

资料来源：作者计算整理。

从表 7－3 的回归结果可以看出，环境全要素生产率及其分解项对出口产品质量的影响存在显著的非线性关系。环境全要素生产率和技术进步对出口产品质量的影响符合 N 形曲线关系，也就是说，在不同阶段环境全要素生产率的增长分别表现为产品生产率的增长、过程生产率的增长和产品生产率的增长，产品生产率和过程生产率是交替出现。效率变化对出口产品质量的影响符合倒 N 形曲线关系，投入节约率对出口产品质量的影响符合 U 形曲线关系，期望产出生产率和非期望产出削减率对出口产品质量的影响符合倒 U 形曲线关系。N 形曲线中包含了 U 形曲线和倒 U 形曲线；N 形曲线和倒 N 形曲线最初的变化起点不同，但是变化内涵是一致，所以虽然环境全要素生产率及其分解项对出口产品质量的影响曲线形状不完全相同，但是环境全要素生产率的曲线形状包含了其他分解项的曲线形状。

我们根据表 7－3 计算的二次函数和三次函数拐点值，统计相应区间中的样本个数和行业数①，以分析中国制造业行业中环境全要素生产率及其分解项对出口产品质量的主要影响程度，表 7－4 是统计结果。在大部分样本（66.11%）和大部分行业（16/27）中，环境全要素生产的提高可以促进出口产品质量升级，说明大部分行业的环境全要素生产率的增长表现为产品生产率的增长。其中大部分行业出口产品质量升级的主要来源是技术进步、投入节约率和期望产出生产率的增长，效率变化和非期望产出削减率的增长反而会抑制出口产品质量升级。值得关注的是投入产出角度的分解项，91.3% 的样本投入节约率的增长会促进出口产品的质量升级；81.3% 的样本期望产出生产率的增长会促进出口产品的质量升级；95.56% 的样本非期望产出削减率的增长反而会抑制出口产品的质量升级。可能的原因是环保、绿色等概念并不是中国制造业行业出口产品的核心竞争力，因此非期望产出削减率的增长非但没有促进中国出口产品质量升级，反而会降低大部分行业的出口产品质量。

其他控制变量对出口产品质量的影响方面，行业竞争力能显著地促进出口产品质量升级，行业竞争力越强的行业，其出口产品质量越高。不同于大多数文献的研究结果，资本密集度的增长会促进出口产品质量升级，可能的原因是影响中国制造业行业的出口产品质量的主要因素是资本而不是劳动力。工资的增加会抑制出口产品质量升级，说明工资的增加主要表现为劳动

① 行业数统计的是行业年平均环境全要素生产率在相应区间的数量。

成本的增长，人力资本的增长所占的份额较少。研发投入的增加虽然能促进出口产品质量升级，但是其影响不太显著。与预期不同的是，外资渗透率的增长抑制了出口产品质量升级，且在10%及以上的显著性水平上显著①。可能的原因是外资渗透率的增加会引进资金和新技术，但是主要投入到其他方面，并不专注于产品质量的升级。在所有控制变量中，工资对出口产品质量的影响程度最大，研发投入对出口产品质量的影响程度最小，其他3个控制变量的影响程度类似。

表7-4　环境全要素生产率及其分解项区间样本数

IEL 区间	[-1.285, 0.300)	[0.300, 5.922)	[5.922, 6.917]	IEL_x 区间	[-2.442, -1.109)	[-1.109, 0.006]
形状	单增	单减	单增	形状	单减	单增
N	351	183	6	N	47	493
行业数	16	11	0	行业数	0	27
Effch 区间	[-0.985, -0.726)	[-0.726, -0.197)	[-0.197, 0.063]	IELy 区间	[-0.269, 2.167)	[2.167, 8.452]
形状	单减	单增	单减	形状	单增	单减
N	2	19	519	N	439	101
行业数	0	0	27	行业数	26	1
Tech 区间	[-1.276, 0.389)	[0.389, 6.277)	[6.277, 6.959]	IEL_b 区间	[-3.199, -1.962)	[-1.962, 0.217]
形状	单增	单减	单增	形状	单增	单减
N	374	160	6	N	24	516
行业数	16	11	0	行业数	0	27

注：N为对应区间样本数，行业数按照行业年平均环境全要素生产率在相应区间的数量统计。
资料来源：作者计算整理。

① 我们考虑可能外资渗透率对出口产品质量的影响也存在非线性关系，因此在组1的模型基础上加入外资渗透率的二次项，但是加入后一次项和二次项的系数均不显著，故认为外资渗透率对出口产品质量的影响不存在非线性关系。

第四节 交互项回归结果

在上一节中我们讨论了不同生产率对出口产品质量影响的变化趋势，本节主要讨论环境全要素生产率、控制变量及两者交互项对出口产品质量的影响。

在表 7－5 中，环境全要素生产率与行业竞争力、研发投入和外资渗透率的交互项为正，说明环境全要素生产率和行业竞争力之间有相互促进作用。一方面环境全要素生产率的提高可以促进行业竞争力的增强，另一方面行业竞争力的增强可以进一步促进企业提高环境全要素生产率，两者共同作用促进出口产品质量升级。同样的，研发投入的提高，可以通过促进环境全要素生产率的提高进一步促进出口产品质量升级。在表 7－5 中，外资渗透率对出口产品质量的影响与预期不一致，外资渗透率可以通过促进环境全要素生产率的提高，进而促进出口产品质量升级，其对出口产品质量的直接影响为负，但是通过环境全要素生产率产生的间接影响为正。

表 7－5　　增加交互项的回归结果

组别	组 7	组 8	组 9	组 10	组 11
IEL	－0.136*** (－8.172)	0.239*** (4.641)	0.550*** (6.642)	－0.074*** (－3.069)	－0.131*** (－4.374)
lnc	0.028*** (4.476)	0.035*** (5.898)	0.033*** (5.512)	0.040*** (6.731)	0.041*** (6.681)
lnkl	0.019 (1.383)	0.040*** (3.089)	0.031** (2.357)	0.035** (2.540)	0.047*** (3.515)
lnw	－0.207*** (－7.158)	－0.223*** (－7.773)	－0.210*** (－7.415)	－0.179*** (－6.372)	－0.222*** (－6.922)
lnrd	0.010 (1.277)	0.009 (1.227)	0.005 (0.695)	0.012 (1.521)	0.008 (0.988)
lnfdi	－0.018 (－1.114)	－0.026 (－1.545)	－0.004 (－0.217)	－0.030* (－1.806)	－0.030* (－1.784)

续表

组别	组 7	组 8	组 9	组 10	组 11
IEL × lnc	0.031 *** (6.844)				
IEL × lnkl		-0.023 *** (-5.075)			
IEL × lnw			-0.123 *** (-6.918)		
IEL × lnrd				0.013 * (1.793)	
IEL × lnfdi					0.036 *** (3.442)
常数项	1.464 *** (7.918)	1.319 *** (7.864)	1.299 *** (7.780)	1.165 *** (6.863)	1.235 *** (6.826)
R^2	0.604	0.601	0.616	0.578	0.586
N	540	540	540	540	540

注：估计系数下方括号内的数字为系数估计值的 t 统计量，其中 *、** 和 *** 分别表示 10%、5% 和 1% 的显著性水平。

资料来源：作者计算整理。

环境全要素生产率与资本密集度、工资的交互项为负。与表 7-3 不同，资本密集度的提高偏离了中国出口的比较优势，反而抑制了环境全要素生产率的提高，间接地抑制了出口产品质量升级。工资的提高对环境全要素生产率主要表现为生产成本的提高，工资的提高降低了环境全要素生产率，抑制了出口产品质量升级。

在组 7 至组 11 的回归中，当控制变量取均值时，我们将环境全要素生产率系数与交互项系数相加，得到环境全要素生产率对出口产品质量的总影响。结果发现，所有组别的回归中，环境全要素生产率对出口产品质量的影响均为负。因为环境全要素生产率对出口产品质量的影响符合非线性关系，如果用线性模型估计不能得到更精确的结论；此外虽然在前文的分析中，大部分样本中（66.11%）环境全要素生产率的增长会促进出口产品质量升级，但是可能其他小部分样本的影响程度更大，对整体样本而言过程生产率对出口产品质量的影响大于产品生产率的影响，因此总体来看环境全要素生产率对出口产品质量的影响为负。

第五节　稳健性检验

上述回归均未考虑内生性问题，根据异质性企业理论，生产率高的企业才会选择出口产品，因此出口产品的环境全要素生产率可能本身就比较高。本节使用环境全要素生产率滞后一期作为工具变量，对以上回归进行稳健性检验。

表 7 - 6 是使用环境全要素生产率及其分解项滞后一期作为工具变量，使用面板工具变量模型进行回归的结果。首先分别对工具变量进行不可识别检验、弱工具变量检验、过度识别检验，对解释变量进行内生性检验。

组 12、组 14 至组 17 的解释变量及其工具变量均通过以上检验，组 13 中将效率变化滞后一期作为工具变量，无法拒绝不可识别检验和弱工具变量检验，我们认为效率变化滞后一期不是一个很好的工具变量，因此在组 13 中使用效率变化滞后一期作为解释变量进行回归。

表 7 - 6 中解释变量的系数符号与表 7 - 3 完全一致，部分系数有所差异，但是差距不大，显著性水平所有差异，但大部分在 10% 及其水平上显著。

表 7 - 6　　含解释变量多次项的稳健性回归结果

组别	组 12	组 13	组 14	组 15	组 16	组 17
解释变量	IEL	Effch	Tech	IEL_x	IEL_y	IEL_b
IEL_m	0.016* (1.785)	-0.768** (-2.252)	0.020** (2.221)	0.069** (2.231)	0.010 (1.525)	-0.044** (-2.410)
IEL_{m2}	-0.030*** (-6.003)	-2.844** (-2.495)	-0.032*** (-6.280)	0.028** (2.067)	-0.003*** (-3.310)	-0.011 (-1.502)
IEL_{m3}	0.003*** (5.106)	-2.145** (-2.654)	0.003*** (5.341)			

续表

组别	组 12	组 13	组 14	组 15	组 16	组 17
解释变量	IEL	Effch	Tech	IEL_x	IEL_y	IEL_b
lnc	0.030 *** (4.707)	0.058 *** (2.828)	0.030 *** (4.741)	0.052 *** (7.763)	0.051 *** (7.891)	0.054 *** (8.374)
lnkl	0.040 *** (2.844)	0.042 * (1.927)	0.038 *** (2.747)	0.036 ** (2.384)	0.028 * (1.851)	0.027 * (1.777)
lnw	-0.228 *** (-8.807)	-0.152 * (-1.857)	-0.230 *** (-8.947)	-0.170 *** (-6.186)	-0.191 *** (-7.046)	-0.179 *** (-6.583)
lnrd	0.006 (0.790)	0.016 (0.931)	0.006 (0.735)	0.021 ** (2.496)	0.018 ** (2.223)	0.015 * (1.768)
lnfdi	-0.034 *** (-2.784)	-0.062 (-1.081)	-0.035 *** (-2.919)	-0.068 *** (-5.528)	-0.065 *** (-5.448)	-0.070 *** (-5.937)
常数项	1.349 *** (7.854)	0.934 ** (2.307)	1.378 *** (8.075)	1.124 *** (6.392)	1.293 *** (7.142)	1.251 *** (7.121)
R^2	0.616	0.543	0.618	0.528	0.548	0.539
N	513	513	513	513	513	513

注：

（1）IELm 表示相对应的解释变量；

（2）估计系数下方括号内的数字为系数估计值的 t 统计量，其中 *、** 和 *** 分别表示 10%、5% 和 1% 的显著性水平。

资料来源：作者计算整理。

表 7-7 使用环境全要素生产率、相应控制变量及两者交互项的滞后一期作为工具变量，进行稳健性检验。与表 7-6 的回归模式相同，首先进行相关的检验，组 18 至组 22 通过所有检验。

表 7-7 中环境全要素生产率、控制变量及交互项的系数符号与表 7-5 完全一致，在大部分系数数值上有差异，但差距较小。在所有组别中研发投入均不显著，与表 7-5 的结果相同，研发投入和环境全要素生产率的交互项也不显著，在表 7-5 中该系数仅在 10% 的显著性水平上显著。与表 7-5 相比，其他关键变量和交互项基本在 5% 或更高的显著性水平上行显著。

综合以上稳健性回归结果的分析，说明本章的回归结果是稳健的。

表 7-7　　含交互项稳健性回归结果

组别	组 18	组 19	组 20	组 21	组 22
IEL	-0.120*** (-6.320)	0.215*** (4.208)	0.520*** (6.026)	-0.068*** (-3.016)	-0.128*** (-4.218)
lnc	0.033*** (4.492)	0.033*** (5.131)	0.031*** (4.837)	0.039*** (5.623)	0.039*** (5.999)
lnkl	0.031** (2.143)	0.047*** (2.822)	0.044*** (3.168)	0.045*** (3.051)	0.059*** (4.019)
lnw	-0.213*** (-8.128)	-0.231*** (-8.349)	-0.237*** (-8.305)	-0.189*** (-7.036)	-0.234*** (-7.543)
lnrd	0.011 (1.369)	0.009 (1.108)	0.004 (0.536)	0.022 (1.263)	0.007 (0.905)
lnfdi	-0.025** (-2.035)	-0.029** (-2.311)	-0.008 (-0.662)	-0.034*** (-2.628)	-0.036** (-2.489)
IEL × lnc	0.026*** (4.686)				
IEL × lnkl		-0.021*** (-4.907)			
IEL × lnw			-0.117*** (-6.446)		
IEL × lnrd				0.010 (1.563)	
IEL × lnfdi					0.034*** (3.126)
常数项	1.328*** (7.308)	1.265*** (6.895)	1.264*** (7.412)	1.075*** (5.899)	1.149*** (6.541)
R^2	0.602	0.601	0.613	0.575	0.584
N	513	513	513	513	513

注：估计系数下方括号内的数字为系数估计值的 t 统计量，其中 *、** 和 *** 分别表示 10%、5% 和 1% 的显著性水平。

资料来源：作者计算整理。

本章小结

本章主要分析环境全要素生产率对出口产品质量的影响。

首先，从影响机制上分析环境全要素生产率对出口产品质量的影响。根据第六章的模型分析，我们假设环境全要素生产率中包含两种生产率，第一种是过程生产率，即更少的投入生产更多数量产品的能力，过程生产率通过影响产品的边际成本对企业的决策进行影响。第二种是产品生产率，即更少的投入生产更高质量产品的能力，产品生产率通过影响企业的固定成本对企业的决策进行影响。企业的产品质量是在生产过程中内生决定的，由边际成本和固定成本共同决定。产品生产率主要影响企业的质量选择，但是过程生产率也可以通过影响边际成本，间接地影响企业的质量选择。

但是在现实中我们并不能对两种生产率进行有效的分离，当企业提高生产率时，可能是提高过程生产率，也可能是提高产品生产率，只能从生产率提高得到的结果来反推出何种生产率发生了变化。如果提高的是过程生产率，那么此时生产率的提高并没有促进产品质量的升级；如果提高的是产品生产率，那么生产率的提高会直接促进产品升级，这两种生产率对产品质量的影响作用是相反的。因此在计量分析中，环境全要素生产率对出口质量的影响是未知的。

其次，本章分别进行了基准回归和增加交互项的回归。

基准回归结果显示，环境全要素生产率及其分解项对出口产品质量的影响存在显著的非线性关系。环境全要素生产率和技术进步对出口产品质量的影响符合N形曲线关系，效率变化对出口产品质量的影响符合倒N形曲线关系，投入节约率对出口产品质量的影响符合U形曲线关系，期望产出生产率和非期望产出削减率对出口产品质量的影响符合倒U形曲线关系。在大部分样本（66.11%）和大部分行业（16/27）中，环境全要素生产的提高可以促进出口产品质量升级，其中大部分行业出口产品质量升级的主要来源是技术进步、投入节约率和期望产出生产率的增长，效率变化和非期望产出削减率的增长反而会抑制出口产品质量升级。可能的原因是环保、绿色等概念并不是中国制造业行业出口产品的核心竞争力，因此非期望产出削减率的增长非但没有促进中国出口产品质量升级，反而会降低大部分行业的出口产品质量。

增加交互项的回归结果显示，环境全要素生产率和行业竞争力之间有相互促进作用，两者共同作用促进出口产品质量升级。同样的，研发投入的提高可以通过促进环境全要素生产率的提高进一步促进出口产品质量升级。外资渗透率可以通过促进环境全要素生产率的提高，进而促进出口产品质量升级。环境全要素生产率与资本密集度、工资的交互项为负，可能的原因是资本密集度的提高偏离了中国出口的比较优势，反而抑制了环境全要素生产率的提高，间接地抑制了出口产品质量升级；工资的提高对环境全要素生产率主要表现为生产成本的提高，工资的提高降低了环境全要素生产率，抑制了出口产品质量升级。

最后，本章进行了稳健性检验，检验结果显示前文的分析结果是稳健的。

第八章　环境规制影响中国出口产品质量的计量分析

第一节　影响机制

环境规制主要通过三条途径对产品质量产生影响。

第一条途径是直接影响效应。Porter（1991），Porter and van der Linde（1995）指出环境规制能激励企业放弃有毒、不可再生、易产生高污染的物质作为投入要素，使用可再生、绿色环保的投入要素。高质量的投入要素必然会直接提高企业生产的产品质量。

第二条途径是挤出效应。环境规制会激励企业进行创新，企业将更多的资金用于减少污染排放、用于购买减排装置或者缴纳污染处理费等，必然会减少企业用于生产的资金，可能导致投入要素质量的下降或人力资本的下降等，将导致企业产品质量下降。挤出效应与第五章中环境规制的遵从成本的内涵是相同的。

第三条途径是创新补偿效应。虽然企业将部分用于生产的资金用于减少污染排放、用于技术创新或用于更新企业的生产设备，但是当环境规制强度适当时，企业可以通过创新提高生产率，进而提高产品质量，形成创新补偿效应，弥补由挤出效应造成的产品质量下降。如果环境规制使生产率的提高主要表现为产品生产率的提高，那么会出现创新补偿效应，适度的环境规制会提高产品质量（强波特假说）；如果生产率的提高主要表现为过程生产率的提高，那么不会出现创新补偿效应，环境规制的实施会进一步降低产品质量。

环境规制通过以上三条途径对产品质量产生影响，三种影响效应的综合作用结果是未知的：直接影响效应可以提高产品质量；挤出效应会降低产品质量；创新补偿效应可以通过生产率间接提高产品质量，弥补一部分的挤出效应造成的产品质量下降。因此，综合来看环境规制对产品质量的影响是不确定的。图 8 -1 从直接影响和间接影响两个角度将环境规制对出口产品质量的影响三条途径进行归纳。

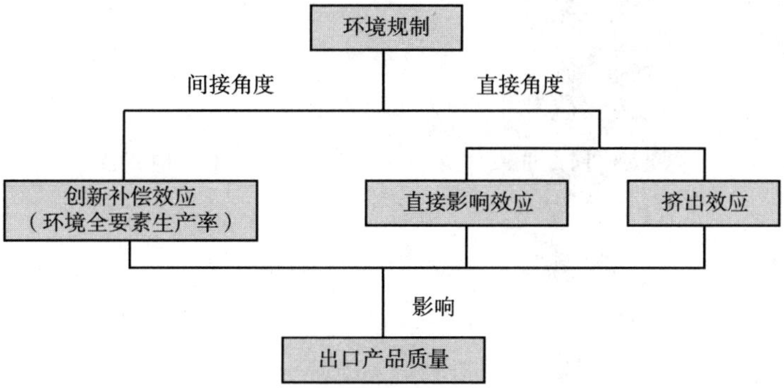

图 8 -1　环境规制影响出口产品质量机制图

资料来源：作者整理。

第二节　模型构建及指标选择

一、模型构建

根据以上的影响机制分析，我们建立如下模型：

直接影响：

$$\ln q_{it} = \varphi_0 + \varphi_1 \ln ER_{it} + \varphi_2 IEL_{it} + \varphi_3 \ln Z_{it} + \mu_i + \mu_t + \varepsilon_{it} \qquad (8-1)$$

总影响：

$$\ln q_{it} = \sigma_0 + \sigma_1 \ln ER_{it} + \sigma_2 \ln Z_{it} + \mu_i + \mu_t + \varepsilon_{it} \qquad (8-2)$$

$\ln q_{it}$为 i 行业 t 时期的出口产品质量，ER_{it}为环境规制变量，IEL_{it}为环境全要素生产率，$\ln Z_{it}$为控制变量，μ_i、μ_t 分别为个体效应、时间效应，ε_{it}为误差项。

在第五章中我们研究发现环境规制对环境全要素生产率有显著的非线性影响，第七章中我们研究发现环境全要素生产率对出口产品质量有显著的非线性影响，由此我们认为环境规制对出口产品质量的影响包含两个方面，一是直接对出口产品质量产生影响，二是通过环境全要素生产率作为中介变量产生间接影响[①]。本章最初期望利用中介效应模型，将环境全要素生产率作为中介变量，考察环境规制对出口产品质量的总效应、直接效应和中介效应[②]。但是可能因为环境规制对环境全要素生产率的非线性关系，以及环境全要素生产率对出口产品质量的非线性关系十分显著，在进行中介效应模型分析时，环境规制对出口产品质量的直接效应和中介效应均不显著[③]。

为了说明环境规制可以通过环境全要素生产率对出口产品质量产生间接影响，首先对式（8－1）的模型进行估计，式（8－1）同时包含了环境规制和环境全要素生产率，环境规制系数表示当环境全要素生产率不变时（控制环境规制通过环境全要素生产率对出口产品质量产生间接影响），环境规制对出口产品质量的直接影响。然后对不包含环境全要素生产率的式（8－2）进行估计，此时环境规制系数表示的是环境规制对出口产品质量的总影响，既包含直接影响，同时也包含间接影响。

在影响机制分析中，环境规制对出口产品质量的影响有直接和间接两种角度三种不同途径的影响，其综合作用产生的影响不确定。在第五章和第七章的分析基础上，考虑到环境规制可能对出口产品质量的影响存在非线性关系，我们在式（8－1）、式（8－2）的基础上加入环境规制的二次项和三次项，加入的原则是不影响一次项的显著性水平，否则不予考虑。此外在第七章的分析中，我们发现环境全要素生产率对出口产品质量存在非线性关系，为了更准确地估计环境规制对出口产品质量的影响，在式（8－1）的基础上加入环境全要素生产率的二次项和三次项，加入原则不变。

二、指标选择及数据来源

1. 被解释变量

本章主要研究环境规制对中国制造业出口产品质量的影响，被解释变量为

① 温忠麟等（2004）将中介变量定义为：考虑自变量 X 对因变量 Y 的影响，如果 X 通过影响变量 M 来影响 Y，则称 M 为中介变量。

② 温忠麟等（2004）认为中介效应属于间接效应。

③ 中介效应模型只能包含解释变量的线性形式，无法讨论非线性关系下的中介效应。

中国 27 个制造业行业的加权平均出口产品质量，通过第三章计算获得。

2. 解释变量

本章的主要解释变量为环境规制，选择废水和废气本年运行费用占行业工业总产值的比重来衡量环境规制强度，单位运行费用越高，表示环境规制强度越大。

此外还加入环境全要素生产率作为另一个解释变量，通过第四章计算获得，与前两章类似，将 1995 年的指标作为基期计算累加增长指标。

3. 控制变量

与第七章的控制变量相同，分别选择行业竞争力、资本密集度、工资、研发投入、外资渗透率作为控制变量，各变量的定义与第七章相同，在此不再赘述。

以上数据来源于《中国统计年鉴》《中国工业统计年鉴》《中国能源统计年鉴》《中国城市（镇）生活与价格年鉴》《中国劳动统计年鉴》《中国经济普查年鉴》《中国环境年鉴》和《中国环境统计年鉴》。

因为环境规制的数据可获得性约束，选取 2001—2014 年中国 27 个制造业行业变量，共计 378 个样本（见表 8－1）。

表 8－1　　变量定义及数据统计性特征

变量	含义	样本量	均值	方差	最小值	最大值
lnq	出口产品质量	378	0.785	0.232	0.198	1.302
ER	环境规制	378	1.624	1.968	0.042	9.361
IEL	环境全要素生产率	378	0.594	1.446	－8.812	9.082
lnc	行业竞争力	378	4.322	0.871	2.465	5.951
lnkl	资本密集度	378	10.646	0.806	8.872	12.808
lnw	工资	378	4.580	0.274	4.109	5.593
lnrd	研发投入	378	－0.110	0.741	－2.111	1.268
lnfdi	外资渗透率	378	3.258	0.764	0.000	4.444

资料来源：作者计算整理。

第三节　基准回归及异质性回归结果

本节的回归为基准回归及异质性回归分析，其中异质性回归参照第五章分组标准分为高污染行业和低污染行业。

表 8－2 的 VIF 均小于 10，说明总体和分组模型均不存在多重共线性问题。

表 8－2　　多重共线性检验结果

样本	变量	ER	IEL	lnc	lnkl	lnw	lnrd	lnfdi
总体	VIF	1.49	1.38	2.23	3.46	2.49	1.61	2.55
高污染	VIF	1.36	1.81	2.20	3.58	2.53	1.78	1.75
低污染	VIF	1.03	1.24	3.44	3.94	4.81	2.17	5.78

资料来源：作者计算整理。

表 8－3 是基准回归和异质性回归的结果。组 1、组 3 和组 5 是不同样本下环境规制对出口产品质量的直接影响，组 2、组 4 和组 6 是不同样本下环境规制对出口产品质量的总影响。

表 8－3　　基准回归及异质性回归结果

样本	总体		高污染行业		低污染行业	
组别	组 1 直接影响	组 2 总影响	组 3 直接影响	组 4 总影响	组 5 直接影响	组 6 总影响
ER	0.034* (1.947)	0.023* (1.796)	－0.009* (－2.035)	－0.009*** (－2.780)	0.029*** (2.817)	0.062** (2.221)
ER^2	－0.008* (－1.951)	－0.006** (－1.969)				－0.016* (－1.724)
ER^3	0.001* (1.835)	0.0005* (1.913)				
IEL	0.025* (1.987)		－0.053*** (－5.936)		0.023* (1.892)	

续表

样本	总体		高污染行业		低污染行业	
组别	组 1 直接影响	组 2 总影响	组 3 直接影响	组 4 总影响	组 5 直接影响	组 6 总影响
IEL^2	-0.032*** (-7.514)				-0.023*** (-4.408)	
IEL^3	0.003*** (6.407)					
lnc	0.038* (2.041)	0.077*** (5.668)	0.001 (0.029)	0.056*** (3.596)	0.108*** (4.008)	0.115*** (5.530)
lnkl	0.056* (2.050)	0.037** (2.141)	0.068* (1.888)	0.038 (1.420)	0.066*** (3.022)	0.061*** (2.628)
lnw	-0.238*** (-3.122)	-0.160*** (-3.422)	-0.153* (-2.023)	-0.103* (-1.785)	-0.265*** (-3.998)	-0.217*** (-3.175)
lnrd	0.027 (1.382)	0.031** (2.307)	0.027 (1.596)	0.052** (2.578)	-0.001 (-0.054)	0.000 (0.031)
lnfdi	-0.058 (-1.108)	-0.092*** (-3.415)	0.001 (0.017)	-0.088** (-2.525)	-0.122*** (-2.910)	-0.112*** (-2.689)
常数项	1.240** (2.567)	1.202*** (3.771)	0.692 (1.090)	1.042** (2.426)	1.255 (1.769)	0.345 (0.744)
R^2	0.690	0.570	0.636	0.415	0.772	0.752
N	378	378	182	182	196	196
ER 形状	单增	N	单减	单减	单增	倒 U
IEL 形状	N		单减		倒 U	

注：估计系数下方括号内的数字为系数估计值的 t 统计量，其中 *、** 和 *** 分别表示 10%、5% 和 1% 的显著性水平。

资料来源：作者计算整理。

在总体样本中，环境规制和环境全要素生产率对出口产品质量的影响均可能存在非线性关系。其中在直接影响模型中（组 1），环境规制及其多次项的系数均显著，但是组 1 的模型不存在拐点，环境规制对出口产品质量的影响是单调递增关系，不同阶段的增长率不同。在总影响模型中（组 2），与直接影响模型不同，环境规制对出口产品质量的影响符合 N 形曲线关系，说明环境规制通过环境全要素生产率间接影响出口产品质量；环境规制对环境全要素生产率的影响是 U 形曲线关系（第五章结论），环境全要素生产率对出口产品质量的影响是 N 形曲线关系（第七章结论）。虽然环境规制对出口产品质量的间接影响存在正影响和负影响两种情况，但是对处于中间区间的环境规制而言，环境规制对出口产品质量的间接影响为负，因此才会出现总影响模型中的 N 形曲线关系。在总体样本中，环境规制对出口产品质量的直接影响能促进产品升级，但是环境规制的间接影响可能会抑制出口产品质量升级。对总体样本而言，增加环境规制强度、跨越 N 形曲线的递减区间、促进产品质量升级是有必要的。

在第五章的分析中，部分控制变量对环境全要素生产率的影响也十分显著，类似的，部分控制变量也可能通过环境全要素生产率对出口产品质量产生间接影响。组 1 的控制变量系数与第七章的研究结论相似，在此不再赘述。在第五章中我们没有分析行业竞争力对环境全要素生产率的影响，因为考虑到这两个变量之间可能存在较强的双向影响关系，且更多情况下更高的环境全要素生产率会导致更强的行业竞争力。值得关注的是，研发投入的直接影响和间接影响为正，外资渗透率的直接影响和间接影响为负。

在高污染行业中，环境规制和环境全要素生产率对出口产品质量的影响不存在非线性关系，其对出口产品质量的影响均为负。组 3 和组 4 中环境规制的系数大小及显著性水平基本没有变化，说明环境规制通过环境全要素生产率对出口产品质量的间接影响并不显著，不存在明显的间接影响，但是控制变量的间接影响比较明显，同样的研发投入的间接影响为正，外资渗透率的间接影响为负。

在低污染行业中，直接影响模型分析中（组 5），环境规制对出口产品质量的影响为单调递增，环境全要素生产率对出口产品质量的影响为倒 U 形，在总影响模型分析中（组 6），环境规制对出口产品质量的影响为倒 U 形，说明环境规制对出口产品质量的间接影响在部分区间中为负。对低污染行业而言，过强的环境规制反而不利于出口产品质量升级。部分控制变量的存在比较明显间接影响，其中研发投入的间接影响为正，但是在直接影响和总影响中该系数较小，且不显著；不同于前两组的分析，外资渗透率的间接影响为正，可能外资更倾向于投资低污染的行业。

第四节　稳健性检验

与第五章和第七章相同，考虑到环境规制和环境全要素生产率可能会存在内生性问题，将环境规制和环境全要素生产率滞后一期作为工具变量对以上回归进行稳健性检验。进行稳健性回归之前首先分别对工具变量进行不可识别检验、弱工具变量检验、过度识别检验，对解释变量进行内生性检验。

表 8－4 是稳健性回归结果，组 7、组 9 和组 11 中环境全要素生产率的系数符号与表 8－3 相同，系数值差距较小，除组 11 中环境全要素生产率的一次项系数不显著外，其他系数均在 5% 以上的水平上显著。

表 8－4　　　　基准回归及异质性回归稳健性回归结果

样本	总体		高污染行业		低污染行业	
组别	组 7 直接影响	组 8 总影响	组 9 直接影响	组 10 总影响	组 11 直接影响	组 12 总影响
ER	0.163*** (2.725)	0.140** (2.095)	－0.041** (－2.353)	－0.039* (－1.959)	0.213 (1.333)	0.340* (1.695)
ER^2	－0.035** (－2.527)	－0.033** (－2.098)				－0.073 (－0.784)
ER^3	0.002** (2.190)	0.002** (1.972)				
IEL	0.033*** (3.200)		－0.054*** (－7.075)		0.024 (0.961)	
IEL^2	－0.037*** (－6.676)				－0.028** (－2.195)	
IEL^3	0.004*** (5.845)					
lnc	0.009 (0.505)	0.066*** (3.717)	－0.049* (－1.754)	0.014 (0.474)	0.114*** (2.610)	0.120*** (3.828)
lnkl	0.071*** (4.008)	0.038* (1.943)	0.062** (2.166)	0.023 (0.720)	0.151* (1.920)	0.135* (1.911)

续表

样本	总体		高污染行业		低污染行业	
组别	组 7 直接影响	组 8 总影响	组 9 直接影响	组 10 总影响	组 11 直接影响	组 12 总影响
lnw	-0.173*** (-3.561)	-0.080 (-1.457)	-0.254*** (-3.026)	-0.189** (-2.003)	-0.223** (-2.037)	-0.137 (-1.357)
lnrd	0.044*** (3.335)	0.044*** (2.964)	0.021 (1.048)	0.037 (1.622)	0.056 (1.200)	0.057 (1.387)
lnfdi	-0.068*** (-3.486)	-0.104*** (-4.858)	-0.052 (-1.343)	-0.135*** (-3.099)	-0.159** (-2.381)	-0.135** (-2.402)
常数项	0.845** (2.560)	0.665* (1.799)	1.738*** (2.577)	1.846** (2.384)	0.189 (0.183)	-0.194 (-0.228)
R^2	0.622	0.512	0.377	0.176	0.271	0.395
N	351	351	169	169	182	182

注：估计系数下方括号内的数字为系数估计值的 t 统计量，其中 *、** 和 *** 分别表示 10%、5% 和 1% 的显著性水平。

资料来源：作者计算整理。

环境规制的系数符号与表 8-3 一致，除组 11 和组 12 中环境规制不显著外，其他系数均在 10% 的显著性水平上显著。但是表 8-4 中环境规制系数的绝对值均大于表 8-3，其中部分组别的回归系数差距较小，但是就整体变化趋势而言，表 8-4 的结果与表 8-3 的相同。

值得注意的是表 8-4 中所有组别的 R^2 均小于表 8-3，说明将环境全要素生产率和环境规制滞后一期作为工具变量，其对出口产品质量影响的解释力度远不如不使用工具变量的情况。综合而言我们认为前文的回归分析结果是稳健的。

本章小结

本章主要分析了环境规制对出口产品质量的影响。

首先，从影响机制上分析了环境规制对出口产品质量的影响。环境规制主要通过直接影响效应、挤出效应、创新补偿效应对产品质量产生直接或间接的影响。环境规制能激励企业使用可再生、绿色环保的投入要素，直接提高企业生产的产品质量。因此，直接影响效应可以提高产品质量。环境规制可能导致企业将更多的资金用于减少污染排放，必然会减少企业用于生产的资金，可能导致投入要素质量的下降或人力资本的下降等，将导致企业产品质量下降。因此，挤出效应会降低产品质量。当环境规制强度适当时，企业可以通过创新提高生产率，进而提高产品质量，形成创新补偿效应，弥补由挤出效应造成的产品质量下降。因此，创新补偿效应可以通过生产率间接提高产品质量，弥补一部分挤出效应造成的产品质量下降。在三种效应的综合作用下，环境规制对产品质量的影响结果是不确定的。

其次，本章分别进行了基准回归和异质性回归。基准回归结果显示，在直接影响模型中，环境规制对出口产品质量的影响是单调递增关系；在总影响模型中，环境规制可以通过环境全要素生产率间接影响出口产品质量。在总体样本中，环境规制对出口产品质量的直接影响能促进产品升级，但是环境规制的间接影响可能会抑制出口产品质量升级。对总样本而言，通过增加环境规制强度，促进产品质量升级是有必要的。

异质性回归结果显示，在高污染行业中，环境规制和环境全要素生产率对出口产品质量的影响均为负，且环境规制通过环境全要素生产率对出口产品质量的间接影响并不显著。在低污染行业中，直接影响模型结果显示环境规制对出口产品质量的影响为单调递增，环境全要素生产率对出口产品质量的影响为倒 U 形；在总影响模型中，环境规制对出口产品质量的影响为倒 U 形，说明环境规制对出口产品质量的间接影响在部分区间中为负。对低污染行业而言，过强的环境规制反而不利于出口产品质量升级。

最后，本章进行了稳健性检验，检验结果显示前文的分析结果是稳健的。

第九章　研究结论与启示

第一节　主要研究结论

一、中国出口产品质量测算

本书使用 Henn et al.（2015）的出口产品质量测算方法，以引力模型为基础，将标准引力模型中的贸易决定因素从产品价格中剥离，使用 UN Comtrade 数据库 SITC Rev. 3 四位码贸易数据测算了 1995—2014 年中国出口到 177 个国家的 847 种产品的质量。进一步将 847 种产品归并入中国二位码国民经济行业，以产品的当年出口额作为权重，计算相应行业的加权平均出口产品质量，最终获得中国 27 个制造业行业的出口产品质量数据。

从行业层面来看，1995—2014 年中国大部分制造业行业的出口产品质量处于上升趋势。将行业当年出口额作为权重计算中国加权平均出口产品质量，从国家层面看，中国 1995—2014 年出口产品质量处于稳步上升趋势，其中 2009 年以后出口产品质量有明显的上升。

二、基于改进方法的中国环境全要素生产率测算

本书使用基于松弛向量的效率损失方法（SBI）测算中国 27 个制造业行业的静态环境生产效率，根据当期和跨期静态环境生产效率构建 Luenberger 指标，获得环境全要素生产率的变化率。但是目前基于 SBI - Luenberger 指标进行生产率测算的方法存在缺陷，该指标的目标函数约束条件要求跨期指标非负，这明显背离了 Chambers et al.（1996）构建 Luenberger 指标的初衷，且会造成技术进步被低估。本书指出了目前 SBI - Luenberger 指标的缺陷，并对跨

期指标的约束条件进行了修改，重新测算了中国27个制造业行业的环境全要素生产率指标。一般传统的分解方法将环境全要素生产率分解为效率变化和技术进步，本书还从投入产出角度将环境全要素生产率分解为投入节约率，期望产出生产率和非期望产出削减率。

本书分别从行业层面和国家层面分析了静态环境生产效率和动态环境全要素生产率的测算结果。1995—2014年中国平均环境生产效率损失呈现下降的趋势，大部分行业的总环境生产效率损失主要来源于非期望产出效率损失。1995—2014年中国的环境全要素生产率波动较大，呈现有规律的锯齿形上升趋势，各行业动态环境全要素生产率与静态环境生产效率损失的变化趋势并不完全一致，期望产出生产率表现为增长，投入节约率和非期望产出削减率出现下降。

三、环境规制对中国环境全要素生产率的影响

本书使用2001—2014年中国27个制造业行业数据对“强波特假说”进行了基准回归和异质性回归检验，其中异质性回归分为高污染行业回归和低污染行业回归，我们讨论了环境规制对环境全要素生产率及其分解项的影响。

在基准回归中“强波特假说”得到了印证，环境规制对环境全要素生产率、效率变化、技术进步和期望产出生产率的影响符合U形曲线关系，环境规制对投入节约率和非期望产出削减率的影响符合N形曲线关系。进一步我们计算了不同环境规制曲线的拐点，统计相应区间中的样本数和行业数，发现大部分样本和行业的环境规制会抑制环境全要素生产率、效率变化、技术进步和期望产出生产率的增长，但是会促进投入节约率和非期望产出削减率的增长。

在异质性回归中“强波特假说”并没有得到完全印证。高污染行业的环境规制对环境全要素生产率、技术进步和期望产出生产率的影响符合U形曲线关系，对投入节约率和期望产出生产率的影响为负，大部分样本没有跨过拐点，环境规制会抑制环境全要素生产率的增长。低污染行业的环境规制对环境全要素生产率和技术进步的影响为负，对效率变化、投入节约率、期望产出生产率和非期望产出削减率的影响分别符合倒U形，N形、倒N形和N形曲线关系，整体而言低污染行业的环境规制强度要低于高污染行业。

目前中国制造业行业的环境规制强度较低，还有上升的空间，无论是总体

还是高污染行业或低污染行业，增加环境规制强度是十分必要的。其中对总体而言，增强环境规制强度会经历一个磨合期，在此期间环境规制的增强会抑制环境全要素生产率及所有分解项的增长。

四、环境全要素生产率对中国出口产品质量的影响

本书分别在封闭经济和开放经济假设下构建了环境全要素生产率影响出口产品质量的模型，推导出企业的最优质量选择，从模型上分析在不同约束条件下（θ 取不同值），环境全要素生产率对出口产品质量的影响。

在此基础上我们利用第三章和第四章测算得到的出口产品质量和环境全要素生产率数据，分析了中国 1995—2014 年 27 个制造业行业的环境全要素生产率及其分解项（效率变化、技术进步和投入节约率、期望产出生产率、非期望产出削减率）对出口产品质量的影响。

研究发现环境全要素生产率和技术进步对出口产品质量的影响符合 N 形曲线关系，效率变化对出口产品质量的影响符合倒 N 形曲线关系，投入节约率对出口产品质量的影响符合 U 形曲线关系，期望产出生产率和非期望产出削减率对出口产品质量的影响符合倒 U 形曲线关系。进一步我们计算了不同曲线的拐点，统计了在环境全要素生产率及其分解项的不同区间中的样本数和行业数，结果显示在大部分样本和行业中，环境全要素生产的提高可以促进出口产品质量升级。大部分行业出口产品质量升级的主要来源是技术进步、投入节约率和期望产出生产率的增长，效率变化和非期望产出削减率的增长反而会抑制出口产品质量升级。控制变量中，行业竞争力、资本密集度和研发投入增长能显著地促进出口产品质量升级，工资和外资渗透率的增加会抑制出口产品质量升级。

此外我们分析了控制变量和环境全要素生产率交互项对出口产品质量的影响。环境全要素生产率与行业竞争力、研发投入和外资渗透率的交互项为正，环境全要素生产率与资本密集度、工资的交互项为负。当控制变量取均值时，我们得到环境全要素生产率对出口产品质量的总影响，发现环境全要素生产率对出口产品质量的影响均为负。虽然大部分样本和行业的环境全要素生产率的增长能促进出口产品质量升级，但是可能其他小部分样本和行业对出口产品质量的影响程度更大，因此总体来看环境全要素生产率对出口产品质量的影响为负。

五、环境规制对中国出口产品质量的影响

本书从直接角度和间接角度分析了环境规制对出口产品质量的影响。其中直接角度是环境规制通过直接影响效应和挤出效应两种途径对出口产品质量产生影响，间接角度是环境规制通过环境全要素生产率产生创新补偿效应，对出口产品质量产生间接影响。本书使用 2001—2014 年中国 27 个制造业行业数据，从基准回归和异质性回归两个层面分析了环境规制对出口产品质量的直接影响和总影响。

在总体样本中，环境规制对出口产品质量的直接影响为正，但在不同阶段的增长率不同。环境规制对出口产品质量的总影响符合 N 形曲线关系，说明环境规制通过环境全要素生产率间接影响出口产品质量，在某些区间中环境规制对出口产品质量的间接影响为负。对总样本而言，增加环境规制强度、跨越 N 形曲线的递减区间、促进产品质量升级是有必要的。

在高污染行业中，环境规制对出口产品质量的直接影响为负，并且不存在明显的间接影响。在低污染行业中，环境规制对出口产品质量的直接影响为负，环境规制对出口产品质量的总影响符合倒 U 形曲线关系，说明环境规制对出口产品质量的间接影响在部分区间中为负，过强的环境规制反而不利于出口产品质量升级。

第二节　政策启示

根据本书的主要研究结论，为了提高中国的出口产品质量和环境全要素生产率，促进出口模式转变和工业绿色转型，本书提出以下政策建议：

一、加强环境规制和环境监管，提倡企业清洁生产、节能减排

根据本书的研究结论，无论是高污染行业还是低污染行业，中国制造业的环境规制强度都较低，有较大的上升空间。“强波特假说”在总体样本和高污染行业中也得到了印证，环境规制的增强有利于提高投入节约率的非期望产出削减率，也就是说环境规制能有效地节约投入资源，抑制污染排放。此外适度的环境规制能促进中国出口产品质量的升级，环境规制对高污染行业和低污染

行业的影响程度也不同。

首先，要加强环境规制强度，政府要制定更加明确且严格的法律法规。同时要加强监管力度，对于违法违规的企业要严惩不贷，拒绝包庇纵容。有些地方政府为了 GDP 和政绩而包庇当地的高产值高污染企业，为了杜绝这一现象，中央政府已出台相关政策将官员政绩与生态环境相挂钩，政策的实施和监管也是十分必要的。在政策实施时，环保部门可以为企业提供相关的信息和技术支持，帮助企业做好绿色转型的过渡。在政策监管时，环保部门应定期抽检抽查，同时应该赋予环保部门更多的执法权，避免执法过程中环保部门被架空的尴尬。

其次，政府要根据不同的行业制定相适宜的环境政策。环境规制对高污染行业和低污染行业的影响是有差异的，如果一概而论，环境政策的实施无法达到理想效果，政府应该根据行业特征，如行业规模、行业生产模式、行业生产原材料等，制定相应的环境政策。

再次，政府可以制定相对灵活的环境规制政策。目前中国的大部分环境政策属于控制—命令型，部分研究显示，灵活的环境政策更有利于经济的发展。目前中国在部分省份试点碳排放权交易制度，取得了一定的进展，此外还可以借鉴国外的经验进一步实施和推广此类灵活性的环境政策。

最后，要提倡企业清洁生产，节能减排。一是提倡企业使用清洁能源，例如风能、太阳能等，目前中国也在加强核能的开发和使用，政府在这一方面也可以出台更多优惠政策，引导企业使用清洁能源，并逐步取代化石燃料。二是企业要重点关注节能减排。有一部分污染物是企业生产时不恰当或者无效率使用能源的结果，因此提高生产效率、提高能源利用率十分必要，可以从增加研发投入，提高生产技术、升级生产设备等几个方面着手。在污染排放方面，可以安装污染净化装置，降低污染物的排放。

二、提高研发投入和研发转化率

根据本书结论，研发投入可以促进出口产品质量升级，但是不会明显地促进环境全要素生产率的增长，可能是研发投入的转化率较低的原因。技术是第一生产力，技术是产业升级和产业转型的根本动力。一方面需要继续加大研发投入量，另一方面也要重视研发转化率，尤其是高质量产品行业的转化率。首先，要重视知识产权保护，政府要加强专利保护，严惩生产山寨产品的企业。

此外可以对有重要影响的研究成果进行奖励，激励企业进行创新研发。其次，要重视科研成果转化为产品，随着研发投入的增加，中国的专利数量也在逐年增加，但是科研成果与产品转化之间存在断层，政府在保护知识产权的同时，需要引导企业使用科研成果，将科研成果更好地转化为产品进行生产。

三、提高人力资本

人力资本是企业创新的主要源泉，创新是提高环境全要素生产率、升级出口产品质量的必要条件，因此提高企业的人力资本十分必要。首先，加强行业的相关职业技术培训，培养高技术、高技能人才，尤其是高质量产品行业。其次，加强对农民工的培训。中国目前的比较优势仍然是劳动密集型产品，而农村剩余劳动力的转移，使得城市有大量农民工。政府可以开展相应的免费职业培训，为低质量产品行业输送更多技术工人。最后，目前政府比较重视基础教育和高等教育投入，虽然教育投入率在逐年增长，但是不同地区仍然存在教育资源差异，政府在加强基础教育和高等教育投入的同时，也要保证教育资源的公平性。除此之外，需要加强中职和高职教育的投入，为社会输送优秀的基础技术和基础技能劳动力。

第三节　研究展望

本书主要围绕环境规制、环境全要素生产率以及出口产品质量三个关键词进行讨论，研究了环境全要素生产率对出口产品质量的影响、环境规制对环境全要素生产率的影响以及环境规制对出口产品质量的影响。本书还可以从以下几个方面进行深入讨论：

一、转换研究层面，增加研究对象

本书的研究对象是中国制造业，可以使用中国省级数据或企业数据，从另一个角度对以上三方面的影响进行研究，将不同层面数据的研究结果进行对比；也可以增加研究对象进行更广泛的对比；可以扩展到更广泛的行业，也可以研究更多的国家，进行国际间的横向对比。虽然不同国家行业出口产品质量的数据比较容易获得，但是不同国家环境全要素生产率的数据难以获得，这正是增加研究对象所存在的一大难点。此外，本书在环境全要素生产率的测算方法上提出了改进，如果使用不同国家的数据进行计算和检验，可以增加改进方法的可信度。

二、基于中介效应的模型分析

在讨论环境规制对环境全要素生产率的影响时，本书只分析了环境规制的直接影响，并没有考虑环境规制可能通过技术进步对环境全要素生产率产生间接影响。同样的，在讨论环境规制对出口产品质量的影响时，只考虑了环境规制可能通过环境全要素生产率对出口产品质量产生间接影响，而没有考虑环境规制可能通过其他控制变量产生间接影响，比如通过研发投入、行业竞争力等变量。也就是说，无论是环境规制对环境全要素生产率的影响，还是环境规制对出口产品质量的影响，某些变量可能充当中介变量，产生间接影响（中介效应属于间接影响的一种）。

三、基于门限回归的模型分析

在研究环境规制、环境全要素生产率以及出口产品质量之间的相关关系时，考虑到环境规制、环境全要素生产率可能与出口产品质量之间存在非线性影响，我们在模型中加入了环境规制和环境全要素生产率的多次项来印证这一猜想。关于非线性关系模型可以考虑使用门限回归模型，不同于加入多次项的线性模型，门限回归模型可以横向比较不同门限变量区间中解释变量对被解释变量的影响程度变化趋势。但是门限回归模型是基于固定效应的分析模型，当样本不存在个体效应时无法使用该模型①。本书在第七章和第八章的分析中考虑使用门限回归模型，但是门限检验的结果显示不存在门限效应，可能是样本量太小。如果扩大样本量或者使用其他层面的数据，可以尝试使用门限回归模型。

四、环境规制的衡量

衡量环境规制是重点也是难点，本书使用单位废水废气处理费作为行业环

① 环境规制对环境全要素生产率的影响不存在个体效应。

境规制的代理变量[①]，这是在数据可得性约束条件下能得到的最优行业环境规制数据。实际上这一代理变量只衡量了污染处理费用，如果能包括治理污染的投资费用会更优。相较于大部分行业数据的不可获得性，中国省级层面的数据更丰富。以上提及的环境规制是灵活的环境规制，如果使用省级层面数据可以衡量确定形式的环境规制（命令—控制型），可以对“窄波特假说”进行检验，目前以中国数据为基础研究“窄波特假说”的文献较少，并且中国目前的环境规制主要是以政策命令型的环境规制为主，因此研究确定形式的环境规制对中国的影响也有一定的现实意义。

① 样本时间跨度为 2001—2014 年。

附录1　SITC编码与中国工业行业匹配

SITC三位码与中国工业行业匹配明细

工业行业和商品名称 （GB/T4754－2002）	SITC编码（Rev. 3）						
煤炭开采和洗选业（06）	321	322					
石油和天然气开采业（07）	333	342	343				
黑色金属矿采选业（08）	281	282					
有色金属矿采选业（09）	283	284	285	287	288	289	
非金属矿采选业（10）	272	273	274	277	278		
木材及竹材采运业	244	245	246	247	248		
食品加工和制造业（13、14）	011	012	016	017	022	023	024
	025	034	035	037	042	045	046
	047	048	054	056	058	059	061
	062	071	073	075	081	091	098
	411	421	422	431			
饮料制造业（15）	074	111	112				
烟草加工业（16）	122						
纺织业（17）	269	651	652	653	654	655	656
	657	658	659				
纺织服装、鞋、帽制造业（18）	841	842	843	844	845	846	848
皮革、毛皮、羽毛（绒）及其制品业（19）	611	612	613	831	851		
木材加工及木、竹、藤、棕、草制品业（20）	633	634	635				
家具制造业（21）	821						

续表

工业行业和商品名称（GB/T4754 -2002）	SITC 编码（Rev. 3）						
造纸及纸制品业（22）	251	641	642				
印刷业和记录媒介的复印（23）	892						
文教体育用品制造业（24）	894	895	898				
石油加工、炼焦及核燃料加工业（25）	325	334	335				
化学原料及化学制品制造业（26）	232	511	512	513	514	515	516
	522	523	524	525	531	532	533
	551	553	554	562	571	572	573
	574	575	579	591	592	593	597
	598						
医药制造业（27）	541	542					
化学纤维制造业（28）	266	267					
橡胶制品业（29）	621	625	629				
塑料制品业（30）	581	582	583	893			
非金属矿物制品业（31）	661	662	663	664	665	666	667
黑色金属冶炼及压延加工业（32）	671	672	673	674	675	676	677
	678	679					
有色金属冶炼及压延加工业（33）	681	682	683	684	685	686	687
	689						
金属制品业（34）	691	692	693	694	695	696	699
	811	812					
通用设备制造业（35）	711	712	713	714	716	718	731
	733	735	737	741	742	743	744
	745	746	747	748	749		
专用设备制造业（36）	721	722	723	724	725	726	727
	728	774	872	881	882	883	
交通运输设备制造业（37）	781	782	783	784	785	786	791
	792	793					
电气机械及器材制造业（39）	771	772	773	775	776	778	813
通信设备、计算机及其他电子设备制造业（40）	752	761	762	763	764		

续表

工业行业和商品名称（GB/T4754－2002）	SITC 编码（Rev. 3）						
仪器仪表及文化、办公用机械制造业（41）	751	759	871	873	874	884	885
其他工业（11、42、43）	891	896	897	899	931		
电力、热力的生产和供应业（44）	351						
燃气生产和供应业（45）	344						

注：

1. 表中展示的 SITC 编码为三位码，向下延伸一位，即可得到四位码编号；

2. 本书的主要研究对象是制造业，故而在正文分析中剔除如下非制造业：煤炭开采和洗选业（06）、石油和天然气开采业（07）、黑色金属矿采选业（08）、有色金属矿采选业（09）、非金属矿采选业（10）、木材及竹材采运业，电力、热力的生产和供应业（44），燃气生产和供应业（45）；

3. 将“农副食品加工业（13）”与“食品制造业（14）”合并为“食品制造与加工业（13、14）”；

4. 将“其他采矿业（11）”“工艺品及其他制造业（42）”与“废弃资源和废旧材料回收加工业（43）”三个行业合并成“其他工业”，在实际测算过程中，由于“其他工业”的样本量较小且不完整，故剔除该行业；

5. 正文中“纺织服装、鞋、帽制造业（18）”简称“服装业”，“皮革、毛皮、羽毛（绒）及其制品业（19）”简称“皮羽制品业”，“木材加工及木、竹、藤、棕、草制品业（20）”简称“木材加工业”，“印刷业和记录媒介的复印（23）”简称“印刷业”，“石油加工、炼焦及核燃料加工业（25）”简称“石油加工及炼焦业”，“通信设备、计算机及其他电子设备制造业（40）”简称“通信及其他电子设备制造业”，“仪器仪表及文化、办公用机械制造业（41）”简称“仪器仪表制造业”。

附录 2　公式推导

A. 封闭经济最优价格

$$\prod_{dw} = p_{iw}q_{iw} - MC_{iw}q_{iw} - FC_{iw} = \lambda_{dw}^{\sigma-1}p_{iw}^{1-\sigma}\frac{C_i}{P_i} - MC_{iw}\lambda_w^{\sigma-1}p_{iw}^{-\sigma}\frac{C_i}{P_i} - FC_{iw}$$

$$\frac{\partial\prod_{dw}}{\partial p_{iw}} = \lambda_{dw}^{\sigma-1}\frac{C_i}{P_i}[(\sigma-1)p_{iw}^{-\sigma} + \sigma p_{iw}^{-\sigma-1}MC_{iw}] = 0$$

$$\Rightarrow p_{iw} = \frac{\sigma}{\sigma-1}MC_{iw}$$

B. 封闭经济最优产品质量

$$\prod_{dw} = p_{iw}q_{iw} - MC_{iw}q_{iw} - FC_{iw}$$

$$= \lambda_{dw}^{\sigma-1}\frac{C_i}{P_i}\left[\left(\frac{\sigma}{\sigma-1}MC_{iw}\right)^{1-\sigma} - \left(\frac{\sigma}{\sigma-1}MC_{iw}\right)^{-\sigma}MC_{iw}\right] - F_0 - \frac{f}{\varphi_w}\lambda_{dw}^{\alpha}$$

$$= \frac{C_i}{P_i}\left(\frac{\sigma}{\sigma-1}\right)^{-\sigma}\left(\frac{1}{\sigma-1}\right)\left(\frac{c}{\varphi_w}\right)^{-\sigma}\lambda_{dw}^{(1-\beta)(\sigma-1)} - F_0 - \frac{f}{\varphi_w}\lambda_{dw}^{\alpha}$$

$$\frac{\partial\prod_{dw}}{\partial\lambda_{dw}} = \frac{C_i}{P_i}\left(\frac{\sigma}{\sigma-1}\right)^{-\sigma}\left(\frac{1}{\sigma-1}\right)\left(\frac{c}{\varphi_w}\right)^{1-\sigma}(1-\beta)(\sigma-1)\lambda_{dw}^{(1-\beta)(\sigma-1)-1} - \frac{\alpha f}{\varphi_w}\lambda_{dw}^{\alpha-1}$$
$$= 0$$

$$\Rightarrow \lambda_{dw}^{\alpha-(1-\beta)(\sigma-1)} = \frac{C_i}{P_i}\left(\frac{\sigma}{\sigma-1}\right)^{-\sigma}\left(\frac{1-\beta}{\alpha f}\right)c^{1-\sigma}\varphi_w^{\sigma}$$

$$\lambda_{dw}^{*}(\varphi_w) = \left[\frac{1-\beta}{\alpha f}\left(\frac{\sigma}{\sigma-1}\right)^{-\sigma}\frac{C_i}{P_i}c^{1-\sigma}\right]^{\frac{1}{\alpha-(1-\beta)(\sigma-1)}}\varphi_w^{\frac{\sigma}{\alpha-(1-\beta)(\sigma-1)}}$$

C. 封闭经济临界环境全要素生产率和临界质量

$$\frac{1}{\sigma}R_{dw} \geqslant FC_{iw} \Rightarrow \frac{1}{\sigma}\left(\frac{\sigma}{\sigma-1}\right)^{1-\sigma}\frac{C_i}{P_i}\left(\frac{c}{\varphi_w}\right)^{1-\sigma}\lambda_{dw}^{(1-\beta)(\sigma-1)} - \frac{f}{\varphi_w}\lambda_{dw}^{\alpha} \geqslant F_0$$

其中,

$$\lambda_{dw}^{(1-\beta)(\sigma-1)} = \left[\frac{1-\beta}{\alpha f}\left(\frac{\sigma}{\sigma-1}\right)^{-\sigma}\frac{C_i}{P_i}c^{1-\sigma}\right]^{\frac{(1-\beta)(\sigma-1)}{\alpha-(1-\beta)(\sigma-1)}}\varphi_w^{\frac{\sigma(1-\beta)(\sigma-1)}{\alpha-(1-\beta)(\sigma-1)}}$$

$$\Rightarrow \frac{1}{\sigma}\left(\frac{\sigma}{\sigma-1}\right)^{1-\sigma}\frac{C_i}{P_i}\left(\frac{c}{\varphi_w}\right)^{1-\sigma}\lambda_{dw}^{(1-\beta)(\sigma-1)}$$

$$= \frac{1}{\sigma}\left(\frac{\sigma}{\sigma-1}\right)^{\frac{(\beta-1-\alpha)(1-\sigma)}{\alpha-(1-\beta)(\sigma-1)}}\left(\frac{C_i}{P_i}\right)^{\frac{\alpha}{\alpha-(1-\beta)(\sigma-1)}}c^{\frac{\alpha(1-\sigma)}{\alpha-(1-\beta)(\sigma-1)}}\left(\frac{1-\beta}{\alpha f}\right)^{\frac{(1-\beta)(\sigma-1)}{\alpha-(1-\beta)(\sigma-1)}}\varphi_w^{\frac{(\alpha-\beta+1)(\sigma-1)}{\alpha-(1-\beta)(\sigma-1)}}$$

$$\frac{f}{\varphi_w}\lambda_{dw}^{\alpha} = \left(\frac{\sigma}{\sigma-1}\right)^{\frac{-\alpha\sigma}{\alpha-(1-\beta)(\sigma-1)}}\left(\frac{C_i}{P_i}\right)^{\frac{\alpha}{\alpha-(1-\beta)(\sigma-1)}}c^{\frac{\alpha(1-\sigma)}{\alpha-(1-\beta)(\sigma-1)}}\left(\frac{1-\beta}{\alpha f}\right)^{\frac{\alpha}{\alpha-(1-\beta)(\sigma-1)}}\varphi_w^{\frac{(\alpha-\beta+1)(\sigma-1)}{\alpha-(1-\beta)(\sigma-1)}}$$

因此可以推导出临界环境全要素生产率为:

$$\frac{1}{\sigma}\left(\frac{\sigma}{\sigma-1}\right)^{1-\sigma}\frac{C_i}{P_i}\left(\frac{c}{\varphi_w}\right)^{1-\sigma}\lambda_{dw}^{(1-\beta)(\sigma-1)} - \frac{f}{\varphi_w}\lambda_{dw}^{\alpha} \geqslant F_0$$

$$\Rightarrow \varphi_w \geqslant \left[\frac{1-\beta}{\alpha f}\left(\frac{\sigma}{\sigma-1}\right)^{-\sigma}\frac{C_i}{P_i}c^{1-\sigma}\right]^{\frac{-\alpha}{(\alpha-\beta+1)(\sigma-1)}}\left[\frac{F_0(1-\beta)(\sigma-1)}{\alpha f-f(1-\beta)(\sigma-1)}\right]^{\frac{\alpha-(1-\beta)(\sigma-1)}{(\alpha-\beta+1)(\sigma-1)}}$$

将临界环境全要素生产率的值代入最优产品质量的公式,可以获得临界产品质量:

$$\lambda_{dw} \geqslant \left[\frac{1-\beta}{\alpha f}\left(\frac{\sigma}{\sigma-1}\right)^{-\sigma}\frac{C_i}{P_i}c^{1-\sigma}\right]^{\frac{-1}{(\alpha-\beta+1)(\sigma-1)}}\left[\frac{F_0(1-\beta)(\sigma-1)}{\alpha f-f(1-\beta)(\sigma-1)}\right]^{\frac{\sigma}{(\alpha-\beta+1)(\sigma-1)}}$$

D. 开放经济最优产品质量

$$\prod_w = p_{iw}q_w - MC_{iw}q_w - FC_{iw} - \sum_j^J F_{ij}$$

$$= \lambda_w^{\sigma-1}\left(\frac{C_i}{P_i} + \sum_j^J \tau_{ij}^{-\sigma}\frac{C_j}{P_j}\right)\left[\left(\frac{\sigma}{\sigma-1}MC_{iw}\right)^{1-\sigma} - \left(\frac{\sigma}{\sigma-1}MC_{iw}\right)^{-\sigma}MC_{iw}\right]$$

$$- F_0 - \frac{f}{\varphi_w}\lambda_w^{\alpha} - \sum_j^J F_{ij}$$

$$= \left(\frac{C_i}{P_i} + \sum_j^J \tau_{ij}^{-\sigma} \frac{C_j}{P_j}\right)\left(\frac{\sigma}{\sigma - 1}\right)^{-\sigma}\left(\frac{1}{\sigma - 1}\right)\left(\frac{c}{\varphi_w}\right)^{1-\sigma}\lambda_w^{(1-\beta)(\sigma-1)}$$

$$- F_0 - \frac{f}{\varphi_w}\lambda_w^{\alpha} - \sum_j^J F_{ij}$$

令 $A = \left(\frac{C_i}{P_i} + \sum_j^J \tau_{ij}^{-\sigma} \frac{C_j}{P_j}\right)$

则 $\prod_w = \frac{A}{\sigma - 1}\left(\frac{\sigma}{\sigma - 1}\right)^{-\sigma}\left(\frac{c}{\varphi_w}\right)^{1-\sigma}\lambda_w^{(1-\beta)(\sigma-1)} - F_0 - \frac{f}{\varphi_w}\lambda_w^{\alpha} - \sum_j^J F_{ij}$

$$\frac{\partial \prod_w}{\partial \lambda_w} = \frac{A}{\sigma - 1}\left(\frac{\sigma}{\sigma - 1}\right)^{-\sigma}\left(\frac{c}{\varphi_w}\right)^{1-\sigma}(1-\beta)(\sigma-1)\lambda_w^{(1-\beta)(\sigma-1)-1} - \frac{\alpha f}{\varphi_w}\lambda_w^{\alpha-1} = 0$$

$$\Rightarrow \lambda_w^{\alpha-(1-\beta)(\sigma-1)} = A\left(\frac{1-\beta}{\alpha f}\right)\left(\frac{\sigma}{\sigma - 1}\right)^{\sigma} c^{1-\sigma}\varphi_w^{\sigma}$$

$$\lambda_w^*(\varphi_w) = \left[A\frac{1-\beta}{\alpha f}\left(\frac{\sigma}{\sigma - 1}\right)^{-\sigma}\frac{C_i}{P_i}c^{1-\sigma}\right]^{\frac{1}{\alpha-(1-\beta)(\sigma-1)}}\varphi_w^{\frac{\sigma}{\alpha-(1-\beta)(\sigma-1)}}$$

E. 开放经济临界环境全要素生产率和临界质量

$$\frac{1}{\sigma}R_w \geqslant FC_{iw} + \sum_j^J F_{ij}$$

$$\Rightarrow \frac{A}{\sigma}\left(\frac{\sigma}{\sigma - 1}\right)^{1-\sigma}\left(\frac{c}{\varphi_w}\right)^{1-\sigma}\lambda_w^{(1-\beta)(\sigma-1)} - \frac{f}{\varphi_w}\lambda_w^{\alpha} \geqslant F_0 + \sum_j^J F_{ij}$$

其中,

$$\lambda_w^{(1-\beta)(\sigma-1)} = \left[A\frac{1-\beta}{\alpha f}\left(\frac{\sigma}{\sigma - 1}\right)^{-\sigma}c^{1-\sigma}\right]^{\frac{(1-\beta)(\sigma-1)}{\alpha-(1-\beta)(\sigma-1)}}\varphi_w^{\frac{\sigma(1-\beta)(\sigma-1)}{\alpha-(1-\beta)(\sigma-1)}}$$

$$\Rightarrow \frac{A}{\sigma}\left(\frac{\sigma}{\sigma - 1}\right)^{1-\sigma}\left(\frac{c}{\varphi_w}\right)^{1-\sigma}\lambda_w^{(1-\beta)(\sigma-1)}$$

$$= \frac{1}{\sigma}\left(\frac{\sigma}{\sigma - 1}\right)^{\frac{(\beta-1-\alpha)(1-\sigma)}{\alpha-(1-\beta)(\sigma-1)}} A^{\frac{\alpha}{\alpha-(1-\beta)(\sigma-1)}} c^{\frac{\alpha(1-\sigma)}{\alpha-(1-\beta)(\sigma-1)}}\left(\frac{1-\beta}{\sigma f}\right)^{\frac{(1-\beta)(\sigma-1)}{\alpha-(1-\beta)(\sigma-1)}}\varphi_w^{\frac{(\alpha-\beta+1)(\sigma-1)}{\alpha-(1-\beta)(\sigma-1)}}$$

$$\frac{f}{\varphi_w}\lambda_w^{\alpha} = \left(\frac{\sigma}{\sigma - 1}\right)^{\frac{-\alpha\sigma}{\alpha-(1-\beta)(\sigma-1)}} A^{\frac{\alpha}{\alpha-(1-\beta)(\sigma-1)}} c^{\frac{\alpha(1-\sigma)}{\alpha-(1-\beta)(\sigma-1)}}\left(\frac{1-\beta}{\alpha f}\right)^{\frac{\alpha}{\alpha-(1-\beta)(\sigma-1)}}\varphi_w^{\frac{(\alpha-\beta+1)(\sigma-1)}{\alpha-(1-\beta)(\sigma-1)}}$$

因此可以推导出临界环境全要素生产率为:

$$\frac{A}{\sigma}\left(\frac{\sigma}{\sigma - 1}\right)^{1-\sigma}\left(\frac{c}{\varphi_w}\right)^{1-\sigma}\lambda_w^{(1-\beta)(\sigma-1)} - \frac{f}{\varphi_w}\lambda_w^{\alpha} \geqslant F_0 + \sum_j^J F_{ij}$$

$$\Rightarrow \varphi_w \geqslant \left[A \frac{1-\beta}{\alpha f}\left(\frac{\sigma}{\sigma-1}\right)^{-\sigma} c^{1-\sigma}\right]^{\frac{-\alpha}{(\alpha-\beta+1)(\sigma-1)}}\left[\frac{\left(F_0+\sum_j^J F_{ij}\right)(1-\beta)(\sigma-1)}{\alpha f-f(1-\beta)(\sigma-1)}\right]^{\frac{\alpha-(1-\beta)(\sigma-1)}{(\alpha-\beta+1)(\sigma-1)}}$$

将临界环境全要素生产率的值代入最优产品质量的公式,可以获得临界产品质量:

$$\lambda_w \geqslant \left[A \frac{1-\beta}{\alpha f}\left(\frac{\sigma}{\sigma-1}\right)^{-\sigma} c^{1-\sigma}\right]^{\frac{-1}{(\alpha-\beta+1)(\sigma-1)}}\left[\frac{\left(F_0+\sum_j^J F_{ij}\right)(1-\beta)(\sigma-1)}{\alpha f-f(1-\beta)(\sigma-1)}\right]^{\frac{\sigma}{(\alpha-\beta+1)(\sigma-1)}}$$

参考文献

[1] Aiginger, K. Europe's Position in Quality Competition. Background Report for the European Competitiveness Report, No. 4, 2000.

[2] Aiginger, K. The Use of Unit Values to Discriminate Between Price and Quality Competition. Cambridge Journal of Economics, 1997, 21 (5): 571 -592.

[3] Alpay, E., Kerkvliet, J., Buccola, S. Productivity Growth and Environmental Regulation in Mexican and U.S. Food Manufacturing. American Journal of Agricultural Economics, 2002, 84 (4): 887 -901.

[4] Ambec, S., Cohen, M A., Elgie, S., Lanoie, P. The Porter Hypothesis at 20: Can Environmental Regulation Enhance Innovation and Competitiveness? Review of Environmental Economics and Policy, 2013, 7 (1): 2 -22.

[5] Amiti, M., Khandelwal, A. K. Import Competition and Quality Upgrading. Review of Economics and Statistics, 2013, 95 (2): 476 -490.

[6] Antoniades, A. Heterogeneous Firms, Quality, and Trade. Journal of International Economics, 2008, 95 (2): 263 -273.

[7] Antràs, P. Firms, Contracts, and Trade Structure. Quarterly Journal of Economics, 2003, 118 (4): 1375 -1418.

[8] Arkolakis, C., Costinot, A., Rodríguez - Clare, A. New Trade Models, Same Old Gains? American Economic Review, 2010, 102 (1): 94 -130.

[9] Balance, R. H., Forstner, H., Sawyer, W. C. An Empirical Examination of the Role of Vertical Product Differentiation in North - South Trade. 1992, 128 (2): 330 -338.

[10] Baldwin, R., Harrigan, J. Zeros, Quality, and Space: Trade Theory and Trade Evidence. American Economic Journal: Microeconomics, 2011, 3 (2):

60 - 88.

[11] Becker, R. A. Local Environmental Regulation and Plant - Level Productivity. Ecological Economics, 2011, 70 (12): 2516 - 2522.

[12] Berman, E., Bui, L. T. M. Environmental Regulation and Productivity: Evidence from Oil Refineries. Review of Economics and Statistics, 2001, 83 (3): 498 - 510.

[13] Bernard, A. B., Eaton, J., Jensen, J. B., et al. Plants and Productivity in International Trade. American Economic Review, 2000, 93 (4): 1268 - 1290.

[14] Bernard, A. B., Jensen, J. B., Redding, S. J., et al. The Empirics of Firm Heterogeneity and International Trade. Annual Review of Economics, 2011, 4 (1): 283 - 313.

[15] Bernard, A. B., Jensen, J. B., Schott, P. K. Survival of the Best Fit: Exposure to Low - Wage Countries and the (Uneven) Growth of U. S. Manufacturing Plants. Journal of International Economics, 2006, 68 (1): 219 - 237.

[16] Bernard, A. B., Redding, S. J., Schott, P. K. Comparative Advantage and Heterogeneous Firms. Review of Economic Studies, 2004, 74 (1): 31 - 66.

[17] Berry, S. T. Estimating Discrete - Choice Models of Product Differentiation. Rand Journal of Economics, 1994, 25 (2): 242 - 262.

[18] Boyd, G. A., Tolley, G., Pang, J. Plant Level Productivity, Efficiency, and Environmental Performance of the Container Glass Industry. Environmental and Resource Economics, 2002, 23 (1): 29 - 43.

[19] Burstein, A. Measured Aggregate Gains from International Trade. NBER Working Paper, No. 17767, 2012.

[20] Chambers, R. G., Fāure, R., Grosskopf, S. Productivity Growth In APEC Countries. Pacific Economic Review, 1996, 1 (3): 181 - 190.

[21] Chen, H., Swenson, D. L. Multinational Firms and New Chinese Export Transactions. Canadian Journal of Economics, 2007, 41 (2): 596 - 618.

[22] Chen, N., Juvenal, L. Quality, Trade, and Exchange Rate Pass - Through. Journal of International Economics, 2013, 100 (42): 61 - 80.

[23] Choi, Y. C. Essays on Product Quality Differentiation and International Trade: [PhD Dissertation]. Economics, Purdue University. 2006. Sourced from: Dissertation Abstracts International.

[24] Chung, Y. H., Färe, R., Grosskopf, S. Productivity and Undesirable Outputs: A Directional Distance Function Approach. Journal of Environmental Management, 1997, 51 (3): 229 - 240.

[25] Cooper, W. W., Park, K. S., Pastor, J. T. RAM: A Range Adjusted Measure of Inefficiency for Use with Additive Models, and Relations to Other Models and Measures in DEA. Journal of Productivity Analysis, 1999, 11 (1): 5 - 42.

[26] Crozet, M., Head, K., Mayer, T. Quality Sorting and Trade: Firm - level Evidence for French Wine. Review of Economic Studies, 2009, 79 (2): 609 - 644.

[27] Dixit, A. K., Stiglitz, J. E. Monopolistic Competition and Optimum Product Diversity. American Economic Review, 1977, 67 (3): 297 - 308.

[28] Emrouznejad, A., Parker, B. R., Tavares, G. Evaluation of Research in Efficiency and Productivity: A Survey and Analysis of the First 30 Years of Scholarly Literature in DEA. Socio - Economic Planning Sciences, 2008, 42 (3): 151 - 157.

[29] Fan, C. S. Increasing Returns, Product Quality and International Trade. Econometrica, 2005, 72 (285): 151 - 169.

[30] Fan, H., Li, Y. A., Yeaple, S. R. Trade Liberalization, Quality, and Export Prices. Review of Economics and Statistics, 2015, 97 (5): 1033 - 1051.

[31] Färe, R., Grosskopf, S. Directional Distance Functions and Slacks - Based Measures of Efficiency: Some Clarifications. European Journal of Operational Research, 2010, 200 (1): 320 - 322.

[32] Färe, R., Grosskopf, S., Jr, C. A. P. Accounting for Air Pollution Emissions in Measures of State Manufacturing Productivity Growth. Journal of Regional Science, 2001, 41 (3): 381 - 409.

[33] Färe, R., Grosskopf, S., Jr, C. A. P. Environmental Production

Functions and Environmental Directional Distance Functions. Energy, 2007, 32 (7): 1055 - 1066.

[34] Färe, R., Grosskopf, S., Noh, D. W., et al. Characteristics of a Polluting Technology: Theory and Practice. Ssrn Electronic Journal, 2005, 126 (2): 469 - 492.

[35] Färe, R., Grosskopf, S., Norris M. Productivity Growth, Technical Progress, and Efficiency Change in Industrialized Countries: Reply. American Economic Review, 1994, 84 (5): 1040 - 1044.

[36] Feenstra, R. C. New Product Varieties and the Measurement of International Prices. American Economic Review, 1994, 84 (1): 157 - 177.

[37] Feenstra, R. C., Romalis, J. International Prices and Endogenous Quality. Quarterly Journal of Economics, 2014, 129 (2): 477 - 527.

[38] Flam, H., Helpman, E. Vertical Product Differentiation and North - South Trade. The American Economic Review, 1987, 77 (5): 810 - 822.

[39] Foster, L., Haltiwanger, J., Syverson, C. Reallocation, Firm Turnover, and Efficiency: Selection on Productivity or Profitability? American Economic Review, 2008, 98 (1): 394 - 425.

[40] Fukuyama, H., Weber, W. L. A Directional Slacks - Based Measure of Technical Inefficiency. Socio - Economic Planning Sciences, 2009, 43 (4): 274 - 287.

[41] Fukuyama, H., Weber, W. L. A Slacks - Based Inefficiency Measure for a Two - Stage System with Bad Outputs. Omega, 2010, 38 (5): 398 - 409.

[42] Gervais, A. Product Quality and Firm Heterogeneity in International Trade. Canadian Journal of Economics/Revue canadienne d'économique, 2015, 48 (3): 1152 - 1174.

[43] Goldberg, P. K., Pavcnik, N. Distributional Effects of Globalization in Developing Countries. Journal of Economic Literature, 2007, 45 (1): 39 - 82.

[44] Grosskopf, S. Some Remarks on Productivity and its Decompositions. Journal of Productivity Analysis, 2003, 20 (3): 459 - 474.

[45] Grossman, G. M., Helpman, E. Protection for Sale. American Economic Review, 1992, 84 (4): 833 - 850.

[46] Hallak, J. C. A Product – Quality View of the Linder Hypothesis. Social Science Electronic Publishing, 2010, 92 (3): 453 –466.

[47] Hallak, J. C. Product Quality and the Direction of Trade. Journal of International Economics, 2006, 68 (1): 238 –265.

[48] Hallak, J. C., Schott, P. K. Estimating Cross – Country Differences in Product Quality. The Quarterly Journal of Economics, 2011, 126 (1): 417 –474.

[49] Hallak, J. C., Sivadasan, J. Product and Process Productivity: Implications for Quality Choice and Conditional Exporter Premia. Journal of International Economics, 2013, 91 (1): 53 –67.

[50] Hallak, J. C., Sivadasan, J. Productivity, Quality and Exporting Behavior under Minimum Quality Constraints. MPRA Paper, No. 24146, 2008.

[51] Hamamoto, M., Environmental Regulation and the Productivity of Japanese Manufacturing Industries. Resource and Energy Economics, 2006, 28 (4): 299 –312.

[52] Harding, T., Javorcik, B. FDI and Export Upgrading. University of Oxford, Department of Economics Discussion Paper Series, No. 526, 2011.

[53] Henn, C., Papageorgiou, C., Spatafora, N. Export Quality in Advanced and Developing Economies: Evidence from a New Dataset. WTO Staff Working Paper, 2015.

[54] Hummels, D., Klenow, P. The Variety and Quality of a Nation's Exports. American Economic Review, 2005, 95 (3): 704 –723.

[55] Jaffe, A. B., Palmer, K. Environmental Regulation and Innovation: A Panel Data Study. The Review of Economics and Statistics, 1997, 79 (4): 610 –619.

[56] Jaffe, Adam B., Peterson, Steven R., Portney, Paul R., Stavins, Robert N. Environmental Regulation and the Competitiveness of U. S. Manufacturing: What Does the Evidence TellUs. Journal of Economic Literature, 1995, 33 (1): 132 –163.

[57] Jamalpuria, A. Environmental Regulation in the Indian Manufacturing Industries: Production vs. Quality. Social Science Electronic Publishing, 2013.

[58] Johnson, R. C. Trade and Prices with Heterogeneous Firms. Journal of International Economics, 2012, 86 (1): 43 -56.

[59] Johnstone, Nick., Managi, Shunsuke., Rodr Guez, Miguel C Rdenas., Ha I, Ivan., Fujii, Hidemichi., Souchier, Martin. Environmental Policy Design, Innovation and Efficiency Gains in Electricity Generation. Energy Economics, 2017, 63: 106 -115.

[60] Khandelwal, A. The Long and Short (of) Quality Ladders. Review of Economic Studies, 2010, 77 (4): 1450 -1476.

[61] Khandelwal, A., Schott P. K., Wei S. J. Trade Liberalization and Embedded Institutional Reform: Evidence from Chinese Exporters. The American Economic Review, 2013. 103 (6): 2169 -2195.

[62] Kremer, Michael. The O - Ring Theory of Economic Development. Quarterly Journal of Economics, 1993, 108 (3): 551 -575.

[63] Krugman, P. A Model of Balance - of - Payments Crises. Journal of Money, Credit and Banking, 1979, 11 (3): 311 -325.

[64] Krugman, P. Scale Economies, Product Differentiation, and the Pattern of Trade. American Economic Review, 1980, 70 (5): 950 -959.

[65] Kugler, M., Verhoogen, E. Prices, Plant Size, and Product Quality. Review of Economic Studies, 2011, 79 (1): 307 -339.

[66] Kumar, S. Environmentally Sensitive Productivity Growth: A Global Analysis Using Malmquist - Luenberger Index. Ecological Economics, 2006. 56 (2): 280 -293.

[67] Lanoie, P., M. Patry., Lajeunesse, R. Environmental Regulation and Productivity: Testing the Porter Hypothesis. Journal of Productivity Analysis, 2008, 30 (2): 121 -128.

[68] Lanoie, P., Laurent - Lucchetti, Jérémy., Johnstone, Nick., Ambec, Stefan. Environmental Policy, Innovation and Performance: New Insights on the Porter Hypothesis. Journal of Economics & Management Strategy, 2011, 20 (3): 803 -842.

[69] Linder, S. B. An Essay on Trade and Transformation. Journal of Political Economy, 1962, 70 (5): 171 -172.

[70] Managi, S., Kaneko, S. Environmental Performance and ReturnsTo Pollution Abatement In China. Ecological Economics, 2009, 68 (6): 1643 - 1651.

[71] Mandel, B. R. Heterogeneous Firms and Import Quality: Evidence from Transaction - Level Prices. Board of Governors of the Federal Reserve System International Finance Discussion Papers, 2010.

[72] Manova, K., Zhang, Z. Export Prices across Firms and Destinations. Quarterly Journal of Economics, 2009, 127 (1): 379 - 436.

[73] Martin, J., Méjean, I. Reallocation across Firms and Aggregate Quality Upgrading. Crest & Ecole Polytechnique, 2010.

[74] Melitz, M. J. The Impact of Trade on Intra - Industry Reallocations and Aggregate Industry Productivity. Econometrica, 2003, 71 (6): 1695 - 1725.

[75] Oh, D. H. A Global Malmquist - Luenberger Productivity Index. Journal of Productivity Analysis, 2010, 34 (3): 183 - 197.

[76] Oh, D. H., Heshmati A. A Sequential Malmquist - Luenberger Productivity Index: Environmentally Sensitive Productivity Growth Considering the Progressive Nature of Technology. Energy Economics, 2010, 32 (6): 1345 - 1355.

[77] Palmer, Karen., Oates, Wallace E., Portney, Paul R. Tightening Environmental Standards: The Benefit - Cost or the No - Cost Paradigm. The Journal of Economic Perspectives, 1995, 9 (4): 119 - 132.

[78] Porter, M. E. American's green strategy. Scientific American, 1991, 4 (264): 168.

[79] Porter, M. E., van der Linde, C. Toward a New Conception of the Environment - Competitiveness Relationship. The Journal of Economic Perspectives, 1995, 9 (4): 97 - 118.

[80] Roberts, M. J., Xu, D. Y., Fan, X. Y., et al. A Structural Model of Demand, Cost, and Export Market Selection for Chinese Footwear Producers. NBER Working Paper, No. w17725, 2012.

[81] Rodrik, D. What's So Special about China's Exports? China & World Economy, 2006, 14 (5): 1 - 19.

[82] Rubashkina, Y., M. Galeotti., E. Verdolini. Environmental Regula-

tion and Competitiveness: Empirical Evidence on the Porter Hypothesis from European Manufacturing Sectors. Energy Policy, 2015, 83: 288 – 300.

[83] Schott, P. K. Across – Product versus Within – Product Specialization in International Trade. The Quarterly Journal of Economics, 2004, 119 (2): 647 – 678.

[84] Schott, P. K. The Relative Sophistication of Chinese Exports. Economic Policy, 2008, 23 (53): 5 – 49.

[85] Shadbegian, R. J., Gray, W. B. Pollution Abatement Expenditures and Plant – Level Productivity: A Production Function Approach. Ecological Economics, 2005, 54 (2 – 3): 196 – 208.

[86] Shestalova, V. Sequential Malmquist Indices of Productivity Growth: An Application to OECD Industrial Activities. Journal of Productivity Analysis, 2003, 19 (2): 211 – 226.

[87] Soderbery, A. Estimating import supply and demand elasticities: Analysis and implications. Journal of International Economics, 2015, 96 (1): 1 – 17.

[88] Sutton, J. Quality, Trade and the Moving Window: The Globalisation Process. The Economic Journal, 2007, 117 (524): 469 – 498.

[89] Telle, K., Larsson, J. Do Environmental Regulations Hamper Productivity Growth? How Accounting For Improvements of Plants' Environmental Performance Can Change the Conclusion. Ecological Economics, 2007, 61 (2 – 3): 438 – 445.

[90] Tone, K. A Slacks – Based Measure of Efficiency in Data Envelopment Analysis. European Journal of Operational Research, 2001, 3 (130): 498 – 509.

[91] Tone, K. Dealing with Undesirable Outputs in DEA A Slacks – based Measure (SBM) Approach. GRIPS Research Report Series, No. I – 2002 – 0005, 2003.

[92] Verhoogen, E. A. Trade, Quality Upgrading, and Wage Inequality in the Mexican Manufacturing Sector. Quarterly Journal of Economics, 2008, 123 (2): 489 – 530.

[93] Wei, C., Ni, J., Du, L. Regional Allocation of Carbon Dioxide Abatement in China. China Economic Review, 2012, 23 (3): 552 – 565.

[94] Yang, C., Y. Tseng., C. Chen. Environmental Regulations, Induced R&D, And Productivity: Evidence From Taiwan's Manufacturing Industries. Resource and Energy Economics, 2012, 34 (4): 514 -532.

[95] Yeaple, S. R. A Simple Model of Firm Heterogeneity, International Trade, and Wages. Journal of International Economics, 2005, 65 (1): 1 -20.

[96] Zhang, N., Choi, Y. Total - Factor Carbon Emission Performance of Fossil Fuel Power Plants in China: A Metafrontier Non - Radial Malmquist Index Analysis. Energy Economics, 2013, 40 (2): 549 -559.

[97] Zhou, P., Ang, B. W., Wang, H. Energy and CO_2, Emission Performance in Electricity Generation: A Non - Radial Directional Distance Function Approach. European Journal of Operational Research, 2012, 221 (3): 625 -635.

[98] Zhou, Y., S. Zhu., He, C. How Do Environmental Regulations Affect Industrial Dynamics? Evidence from China's Pollution - Intensive Industries. Habitat International, 2017, 60: 10 -18.

[99] 蔡乌赶，周小亮．中国环境规制对绿色全要素生产率的双重效应．经济学家，2017，9：27 -35.

[100] 陈浩，刘培，许佩．城市绿色全要素生产率演变机制研究——基于城市能源与土地要素约束的视角．中国人口·资源与环境，2020，9：93 -105.

[101] 陈丽丽，代毅．信息披露质量对企业出口产品质量的影响．国际贸易问题，2021，5：64 -80.

[102] 陈强．高级计量经济学及 Stata 应用．第 2 版．北京：高等教育出版社，2014 年．

[103] 陈清萍，鲍晓华．融资约束、金融发展与我国企业出口产品质量——基于银行信贷和商业信贷的双重视角．现代财经（天津财经大学学报)，2014，5：36 -46

[104] 陈诗一．中国的绿色工业革命：基于环境全要素生产率视角的解释（1980 -2008）．经济研究，2010，11：21 -34.

[105] 陈诗一．中国工业分行业统计数据估算：1980—2008. 经济学（季刊)，2011，3：735 -776.

[106] 陈晓华，沈成燕．出口持续时间对出口产品质量的影响研究．国

际贸易问题，2015，1：47－57.

[107] 董敏杰，李钢，梁泳梅．中国工业环境全要素生产率的来源分解——基于要素投入与污染治理的分析．数量经济技术经济研究，2012，2：3－20.

[108] 段文奇，徐邦栋，刘晨阳．贸易便利化与企业出口产品质量升级．国际贸易问题，2020，12：33－50.

[109] 傅京燕，李丽莎．环境规制、要素禀赋与产业国际竞争力的实证研究——基于中国制造业的面板数据．管理世界，2010（10）：87－98.

[110] 高越，李荣林．国际市场竞争与中国出口产品质量的提高．产业经济研究，2015，3：11－20.

[111] 韩超，张伟广，冯展斌．环境规制如何“去”资源错配——基于中国首次约束性污染控制的分析．中国工业经济，2017（4）：115－134.

[112] 韩会朝，徐康宁．中国产品出口“质量门槛”假说及其检验．中国工业经济，2014，4：58－70.

[113] 李斌，彭星，欧阳铭珂．环境规制、绿色全要素生产率与中国工业发展方式转变——基于36个工业行业数据的实证研究．中国工业经济，2013，4：56－68.

[114] 李方静．企业生产率、产品质量与出口目的地选择——来自中国制造业企业微观层面证据．当代财经，2014，4：86－97.

[115] 李坤望，王有鑫．FDI促进了中国出口产品质量升级吗？——基于动态面板系统GMM方法的研究．世界经济研究，2013，5：60－66.

[116] 李玲，陶锋．中国制造业最优环境规制强度的选择——基于绿色全要素生产率的视角．中国工业经济，2012（5）：70－82.

[117] 李鹏升，陈艳莹．环境规制、企业议价能力和绿色全要素生产率．财贸经济，2019，11：144－160.

[118] 李胜兰，初善冰，申晨．地方政府竞争、环境规制与区域生态效率．世界经济，2014（4）：88－110.

[119] 李树，陈刚．环境管制与生产率增长——以APPCL2000的修订为例．经济研究，2013（1）：17－31.

[120] 李小平，周记顺，卢现祥等．出口的“质”影响了出口的“量”吗？经济研究，2015，8：114－129.

[121] 李秀芳，施炳展．中间品进口多元化与中国企业出口产品质量．国际贸易问题，2016，3：106－116.

[122] 刘家悦，谢靖．环境规制与制造业出口质量升级——基于要素投入结构异质性的视角．中国人口·资源与环境，2018，2：158－167.

[123] 刘瑞翔，安同良．资源环境约束下中国经济增长绩效变化趋势与因素分析——基于一种新型生产率指数构建与分解方法的研究．经济研究，2012，11：34－47.

[124] 刘伟丽，陈勇．中国制造业的产业质量阶梯研究．中国工业经济，2012，11：58－70.

[125] 庞瑞芝，李鹏．中国新型工业化增长绩效的区域差异及动态演进．经济研究，2011，11：36－47＋59.

[126] 彭冬冬，杨德彬，苏理梅．环境规制对出口产品质量升级的差异化影响——来自中国企业微观数据的证据．现代财经（天津财经大学学报），2016，8：15－27.

[127] 沈国兵，袁征宇．互联网化、创新保护与中国企业出口产品质量提升．世界经济，2020，11：127－151.

[128] 盛斌．中国对外贸易政策的政治经济分析．第1版．上海：上海人民出版社，2002年．

[129] 施炳展，邵文波．中国企业出口产品质量测算及其决定因素——培育出口竞争新优势的微观视角．管理世界，2014，9：90－106.

[130] 施炳展，王有鑫，李坤望．中国出口产品品质测度及其决定因素．世界经济，2013，9：69－93.

[131] 施炳展．FDI是否提升了本土企业出口产品质量．国际商务研究，2015，2：5－20.

[132] 施炳展．中国企业出口产品质量异质性：测度与事实．经济学(季刊)，2014，1：263－284.

[133] 孙楚仁，于欢，赵瑞丽．城市出口产品质量能从集聚经济中获得提升吗．国际贸易问题，2014，7：23－32.

[134] 孙俊成，程凯．双边政治关系、产品质量与出口行为．世界经济研究，2020，7：90－104＋137.

[135] 孙林，卢鑫，钟钰．中国出口产品质量与质量升级研究．国际贸

易问题，2014，5：13－22.

[136] 万伦来，朱琴．R&D 投入对工业绿色全要素生产率增长的影响——来自中国工业 1999－2010 年的经验数据．经济学动态，2013，9：20－26.

[137] 汪建新，黄鹏．信贷约束、资本配置和企业出口产品质量．财贸经济，2015，5：84－95.

[138] 汪建新．贸易自由化、质量差距与地区出口产品质量升级．国际贸易问题，2014，10：3－13.

[139] 王兵，梁淑珍．节能减排约束下中国制造业行业的效率和生产率的研究．工业技术经济，2012，3：124－133.

[140] 王兵，吴延瑞，颜鹏飞．环境管制与全要素生产率增长：APEC 的实证研究．经济研究，2008，5：19－32.

[141] 王兵，吴延瑞，颜鹏飞．中国区域环境效率与环境全要素生产率增长．经济研究，2010，5：95－109.

[142] 王兵，颜鹏飞．中国的生产率与效率：1952－2000——基于时间序列的 DEA 分析．数量经济技术经济研究，2006，8：22－30.

[143] 王杰，段瑞珍，孙学敏．环境规制、产品质量与中国企业的全球价值链升级．产业经济研究，2019，2：64－75＋101.

[144] 王杰，刘斌．环境规制与企业全要素生产率——基于中国工业企业数据的经验分析．中国工业经济，2014（3）：44－56.

[145] 王树柏，李小平．中国制造业碳生产率变动对出口商品质量影响研究．上海经济研究，2015，10：87－96＋106.

[146] 王有鑫，王猛，赵雅婧．人口老龄化促进了出口产品品质升级吗？财贸研究，2015，2：61－69.

[147] 温忠麟，张雷，侯杰泰，刘红云．中介效应检验程序及其应用．心理学报，2004，5：614－620.

[148] 谢荣辉．环境规制、引致创新与中国工业绿色生产率提升．产业经济研究，2017，2：38－48.

[149] 颜鹏飞，王兵．技术效率、技术进步与生产率增长：基于 DEA 的实证分析．经济研究，2004，12：55－65.

[150] 杨文举．技术效率、技术进步、资本深化与经济增长：基于 DEA

的经验分析. 世界经济, 2006, 5: 73 - 83.

[151] 殷宝庆. 环境规制与我国制造业绿色全要素生产率——基于国际垂直专业化视角的实证. 中国人口、资源与环境, 2012, 12: 62 - 68.

[152] 于津平, 吴小康, 熊俊. 双边实际汇率、出口规模与出口产品质量. 世界经济研究, 2014, 10: 47 - 52.

[153] 余静文, 彭红枫, 李濛西. 对外直接投资与出口产品质量升级: 来自中国的经验证据. 世界经济, 2021, 1: 54 - 80.

[154] 原毅军, 谢荣辉. FDI、环境规制与中国工业绿色全要素生产率增长——基于 Luenberger 指数的实证研究. 国际贸易问题, 2015, 8: 84 - 93.

[155] 原毅军, 谢荣辉. 环境规制与工业绿色生产率增长——对"强波特假说"的再检验. 中国软科学, 2016, 7: 144 - 154.

[156] 张杰, 翟福昕, 周晓艳. 政府补贴、市场竞争与出口产品质量. 数量经济技术经济研究, 2015, 4: 71 - 87.

[157] 张明志, 季克佳. 人民币汇率变动对中国制造业企业出口产品质量的影响. 中国工业经济, 2018, 1: 5 - 23.

[158] 张一博, 祝树金. 基于改进的嵌套 Logit 模型的中国工业出口产品质量测度研究. 世界经济与政治论坛, 2014, 2: 1 - 18.

[159] 章祥荪, 贵斌威. 中国全要素生产率分析: Malmquist 指数法评述与应用. 数量经济技术经济研究, 2008, 6: 111 - 122.

[160] 郑京海, 刘小玄, Bigsten Arne. 1980 - 1994 期间中国国有企业的效率、技术进步和最佳实践. 经济学 (季刊), 2002, 3: 521 - 540.

[161] 钟建军, 赵伟. 出口最终产品质量影响因素分析: 基于跨国 (地区) 面板数据的实证. 浙江学刊, 2014, 3: 158 - 163.

[162] 祝树金, 段凡, 邵小快, 钟腾龙. 出口目的地非正式制度、普遍道德水平与出口产品质量. 世界经济, 2019, 8: 121 - 145.